John van Schaik

Warum Jesus nicht mit Maria Magdalena verheiratet war

John van Schaik

Warum Jesus nicht mit Maria Magdalena verheiratet war

Eine kurze Geschichte des esoterischen Christentums

Verlag Urachhaus

Die niederländische Originalausgabe erschien 2006
bei Uitgeverij Christofoor in Zeist unter dem Titel
*Waarom Jezus niet getrouwd was met Maria Magdalena.
Een korte geschiedenis van het esoterisch christendom.*

Aus dem Niederländischen von Conrad Schaefer

ISBN 10: 3-8251-7559-6
ISBN 13: 978-3-8251-7559-7

Erschienen 2006 im Verlag Urachhaus
www.urachhaus.com

Umschlagabbildung: Correggio, Noli me tangere (Ausschnitt) © The Yorck Project
Umschlaggestaltung: Ursula Weismann
Gesamtherstellung: AALEXX Druck GmbH, Großburgwedel

Inhalt

Vorwort 7

1 Der Einweihungskuss im Altertum 11
2 Der mystische Kuss im Mittelalter und danach 23
3 Die mittelalterliche Gralliteratur 34
4 Romantische Geschichten: Der Gral und die Katharer 47
5 Jesus oder Christus im frühen Christentum 54
6 Jesusbilder in der modernen Theologie und Esoterik 61
7 Durch Sex zur Gnosis? 73
8 Tempeljungfrauen und der *motus inordinatus* 83
9 Ist die Kirche frauenfeindlich? 90
10 Die heilige Maria und die heilige Maria Magdalena 100
11 Warum Jesus nicht verheiratet war 110
12 Eine kurze Geschichte des esoterischen Christentums 116

Anmerkungen 137

Vorwort

Schon wieder ein Buch über *Sakrileg – The Da Vinci Code*? Es wurde schon so viel darüber geschrieben.[1] Doch ist das meiste nicht sehr zuverlässig. Schon *Sakrileg* selbst ist überhaupt nicht zuverlässig. Das war vielleicht auch nicht die Absicht des Autors, Dan Brown. Man sollte das Buch am besten als Roman lesen, so lautet der knappe Kommentar aus der ›seriösen‹ Ecke, begleitet von einem etwas ratlosen Schulterzucken.

Dies ist allerdings nicht die beste und tatsächlich angebrachte Reaktion. Die Frage, um die es eigentlich geht, lautet: Warum ist das Buch *Sakrileg* so unglaublich populär? Die Antwort ist einfach: Weil es von Jesus Christus handelt. Und weil es den Anspruch suggeriert, dass jetzt endlich die wahre Geschichte von Jesus und seiner Ehe mit Maria Magdalena erzählt wird, Kirche hin oder her – nein, die vor allem eher nicht, denn sie hat uns 2000 Jahre lang belogen, so *Sakrileg*.

Genau dies trifft uns mitten ins Herz: dass die Kirche uns 2000 Jahre auf eine falsche Fährte gelockt haben soll. Darum lesen wir möglichst alles, was mit *Sakrileg* zusammenhängt. Wir wollen die Wahrheit wissen. Ist es wahr oder nicht, handelt es sich um Tatsachen oder um reine Erfindung?

Auf der anderen Seite bringt *Sakrileg* auf diese Weise etwas Erfreuliches in Gang: Menschen, vor allem Gläubige, beginnen sich vermehrt Fragen zu stellen über ihren Glauben und ihre Kirche.

Doch gibt es noch weitere Orientierungsmarken, an denen entlang gesucht und gefragt werden kann? Kaum. In Kirche und Theologie bleibt es ziemlich still um das Buch, obwohl doch aus dieser Ecke eigentlich die ›echte Wahrheit‹ kommen sollte. Vor allem nach der Auffindung der Originaltexte der frühen esoterisch-christlichen

Gruppierungen aus den ersten Jahrhunderten, wie zum Beispiel der Nag Hammadi-Bibliothek und vieler manichäischer Texte. Die Geschichte der Kirche und des Christentums bedarf durch diese Funde einer gründlichen Revision. Doch diese findet nicht statt – jedenfalls noch nicht. Genau darum sind Kirche und Theologie ein so leicht zu treffendes Ziel. Das ist eigentlich schade, denn die Frage, um die es eigentlich geht, lautet: Warum sollte die Kirche uns 2000 Jahre lang ›betrogen‹ haben?

In diesem Buch vertrete ich die Auffassung, dass die Kirche dies nicht getan hat. Allerdings hat die Kirche uns 2000 Jahre lang vor Dingen ›behütet‹, für die wir noch nicht reif waren, wie zum Beispiel das Böse. Die Wurzel des Bösen ist – so sagt Augustinus – der *motus inordinatus*, die ungeordnete Bewegung. Augustinus erlebt selbst, dass er sich aufgrund der sexuellen Lust nicht mehr voll in der Hand hat, dass sich das Fleisch gegen den Geist erhebt.

Die Sexualität war immer in Religion und Rituale eingebettet. Jedenfalls galt dies für Priester und Priesterinnen, die zölibatär leben mussten. Das Zölibat ist keine Erfindung des Christentums. »Nicht nach dem Fleisch, sondern nach dem Geiste«, sagt Paulus. So erreichen wir das himmlische Königreich. In der Zeit, als Jesus auftrat, war es jedoch bereits so, dass die Sexualität aus dem religiösen Kontext herauszufallen begann. Tempelsex wird dekadent, Tempelorgien sind die Folge. Man denke nur an den römischen Kaiser Caligula. Dies erschreckt das noch junge Christentum enorm. Die Kirche kommt zu dem Schluss: Einer freien Sexualität sind wir noch nicht gewachsen. Daraus folgte das Zölibat, also: Sex nur zum Zwecke der Fortpflanzung. Lust ist tabu – sie muss unterdrückt werden. Mit allen Folgen, die daraus resultieren, wie Freud am Ende des 19. Jahrhunderts aufdeckt. Dies hätte eigentlich für die Kirche das Signal sein müssen, eine andere Haltung einzunehmen. Doch die Kirche tat dies nicht. Und das ist schade. Die These dieses Buches lautet, dass die Kirche mit der Unterdrückung (unter anderem) der Sexualität einen historischen Auftrag hatte. Doch dieser Auftrag ist heute erfüllt. Wir sind heute selbst stark genug, den *motus inordinatus* zu kontrollieren. Ich sage dies, obwohl mir bewusst ist, dass manche Fernsehsendungen diese Auffassung Lügen strafen.

Dieses Buch erhebt nicht den Anspruch auf Vollständigkeit. Es ist eine Skizze. Vieles müsste tiefer ausgearbeitet werden. Zunächst ist es vor allem ein weiterer Beitrag zum Diskurs um *Sakrileg*. Allerdings einer mit einem wissenschaftlichen Ansatz und unter dem Gesichtspunkt eines ›echten‹ esoterischen Christentums.

John van Schaik, Zeist 2006

KAPITEL 1

Der Einweihungskuss im Altertum

»Ich möchte Sie nicht mit endlosen Verweisen auf die Verbindung von Jesus und Maria Magdalena langweilen«, sagte Sir Leigh. »Die moderne Geschichtswissenschaft hat das bis zum Überdruss durchexerziert. Aber ich möchte Ihnen gern Folgendes zu lesen geben.« Er wies auf eine soeben aufgeschlagene Passage. »Das ist aus dem Evangelium der Maria Magdalena.«

Dan Brown, *Sakrileg,* S. 267[2]

Der Nag Hammadi-Codex

Vielen ›modernen Esoterikern‹ zufolge soll Jesus angeblich mit Maria Magdalena verheiratet gewesen sein.[3] Die Hochzeit zu Kana sei eigentlich das Hochzeitsfest von Jesus und Maria gewesen. Auch Dan Brown behauptet in *Sakrileg,* dass Jesus mit Maria Magdalena verheiratet gewesen sei. Es sei aus dieser Verbindung sogar ein Kind hervorgegangen, das den Namen Sarah getragen habe. Brown ist eigentlich noch recht bescheiden, denn es gibt auch ›Esoteriker‹, die behaupten, dass Jesus und Maria Magdalena sogar drei oder vier Kinder gehabt hätten.[4] Soweit mir bekannt, wird in Andrew Lloyd-Webbers Musical *Jesus Christ – Superstar* (Uraufführung 1971, verfilmt 1972) zum ersten Mal suggeriert, dass hier von einer Liebesbeziehung gesprochen werden kann.

Woher kommt eigentlich dieser Gedanke, dass Jesus und Maria eine Liebesbeziehung miteinander hatten? Nun, dies wird aus zwei Zitaten aus gnostischen Büchern abgeleitet, die in der inzwischen berühmt gewordenen Nag Hammadi-Bibliothek gefunden wurden. Im

Jahre 1945 stößt ein armer ägyptischer Bauer auf einige Tonkrüge. Diese Krüge enthalten, wie sich zeigen sollte, eine vollständige, in der Wüste versteckte Bibliothek gnostischer Schriften. Der Bischof von Alexandria, Athanasius, erlässt im Jahre 367 einen so genannten Osterbrief. Darin zählt er auf, welche Bücher ketzerisch sind und welche nicht. Bücher, die zum christlichen Kanon gehören, sind »gute Bücher«. Alle anderen Bücher und Evangelien sind »falsch«. Das sind u.a. jene Bücher, die in der Nag Hammadi-Bibliothek gefunden wurden. Deswegen versteckten die gnostischen Christen diese Bücher. Vielleicht in der Hoffnung auf bessere Zeiten.

Die Auffassung, dass Jesus verheiratet gewesen sei, wird vor allem aus dem »Evangelium nach Maria Magdalena« hergeleitet, welches wiederum ein Teil des so genannten »Berliner Codex« (BC) und des koptischen »Philippus-Evangeliums« ist, welches wir aus der Nag Hammadi-Bibliothek kennen. In beiden Evangelien finden sich Passagen, die benutzt werden, um nachzuweisen, dass Maria und Jesus eine Liebesbeziehung miteinander hatten. Die entsprechenden Passagen im Evangelium der Maria lauten:

> »Petrus bat Maria Magdalena: ›Schwester, wir wissen, dass der Erlöser dich mehr als die übrigen Frauen liebte.‹«[5]

Und wenig später:

> »Petrus äußerte sich dazu und fragte dann die Jünger …: ›Sollte der Erlöser heimlich mit einer Frau geredet haben, sie bevorzugt haben vor uns und (das alles) nicht offen? Sollen wir umdenken und auf sie hören?‹ […] Levi beruhigte sie und sagte zu Petrus: ›Petrus, du bist schon immer ein Hitzkopf gewesen. Und nun kanzelst du eine Frau ab, als wäre sie der Teufel persönlich. Doch wenn der Erlöser sie für ihre Aufgabe befähigt hat, wer bist du denn, dass du sie einfach für unglaubwürdig erklärst? Sicher kennt der Erlöser sie ganz genau. Deshalb hat er sie mehr als uns geliebt.‹«[6]

Dan Brown führt diese Passage in einer etwas anderen Variante an.[7] Bis hierher ist eigentlich alles noch in Ordnung. »Lieben« kann alles Mögliche bedeuten. Jesus liebt ja auch seinen Jünger Johannes sehr. So steht im Johannes-Evangelium: »Einer der Jünger, derjenige, den Jesus liebte ...« (Joh. 13,23).

Das Verb »lieben« erhält jedoch durch die Kopplung dieser Passage an das Philippus-Evangelium eine andere Bedeutung. Jedenfalls den ›modernen Esoterikern‹ zufolge. Wir geben hier zuerst Dan Browns Version wieder:

> »Und die Gefährtin des Erlösers war Maria Magdalena. Christus liebte sie mehr als seine Jünger und küsste sie oft auf den Mund. Die Jünger waren darüber erzürnt und verliehen ihrer Enttäuschung Ausdruck. Sie sprachen zu ihm: Warum liebst du sie mehr als uns?«[8]

Und hier nun die Version, wie sie heute in der Wissenschaft verwendet wird, ich benutze die Übersetzung von Lüdemann und Janßen:

> »Und die Gefährtin von [Christus] ist Maria Magdalena. Der [Herr liebte] sie mehr als [alle] (anderen) Jünger, und er küsste sie [oftmals] auf ihren [Mund]. Die übrigen [Jünger ...], sie sagten zu ihm: ›Weshalb liebst du sie mehr als uns alle?‹ Es antwortete der Erlöser, er sprach zu ihnen: ›Weshalb liebe ich euch nicht (so) wie sie?‹«[9]

Lüdeman/Janßen und andere Übersetzer setzen das Wort »Mund« in eckige Klammern. Das besagt, dass man vermutet, an dieser Stelle im Text könnte das Wort »Mund« gestanden haben. Dies ist um einiges vorsichtiger als Dan Brown. Und das gibt uns zu denken, denn gerade dieses Auf-den-Mund-Küssen ist ganz entscheidend für die Interpretation, dass es sich hier um eine Liebesbeziehung gehandelt habe. Was wäre, wenn man eigentlich nicht wüsste, ob tatsächlich auf den Mund geküsst wurde? Die wissenschaftliche

Edition von Robinson ist noch vorsichtiger. Er setzt nicht einmal das Wort »Mund« in eckigen Klammern. Dort steht wörtlich:

> »And the companion of the [...] Mary Magdalene. [...loved] her more than [all] the disciples [and used to] kiss her [often] on her [...].«[10]

Wohin Jesus Maria küsst, wissen wir also eigentlich nicht: Das Wort »küssen« fehlt einfach im Nag Hammadi-Codex. Jesus kann Maria auch auf die Stirn oder auf die Wange geküsst haben. Doch die Suggestion, dass es der Mund war, kommt nicht aus heiterem Himmel. Es wäre immerhin möglich. Wir begegnen dieser Art Kuss häufiger im Altertum. Ja, vielleicht war er sogar recht üblich. So wissen wir zum Beispiel aus dem Kölner Mani-Codex – einer Schrift der Manichäer (hierzu später mehr) –, dass Mani seinen Vater Pattikios auf den Mund küsst. Und dies tut er sogar zärtlich.[11] Überhaupt wird im Altertum ziemlich viel geküsst. So schreibt Paulus, dass die Mitglieder der ersten christlichen Gemeinde einander mit einem »heiligen Kuss« (1 Kor. 16,20; Römer 16,16) küssen sollen. Oder nehmen wir den Judaskuss: Judas küsst Jesus, wonach dieser ausruft: »Verrätst du den Menschensohn mit einem Kuss?« (Luk. 22,48). Mit anderen Worten: Jünger, verrätst du deinen Meister (Rabbi)?

Jesus kann Maria also durchaus geküsst haben. Vielleicht sogar auf den Mund. Doch damit ist in gar keiner Weise gesagt, dass es sich um eine Liebesbeziehung handelt.

Der Einweihungskuss im Altertum

Küssen bedeutet eigentlich etwas anderes. Der Kuss ist ein Ausdruck des Verhältnisses zwischen Lehrer und Schüler. So existiert zum Beispiel eine wunderbare hermetische Schrift mit dem Titel *Abhandlung über die achte und neunte Himmelssphäre,* ebenfalls in der Nag Hammadi-Bibliothek gefunden. In diesem Traktat wird ein Schüler von seinem Lehrer Hermes Trismegistos auf eine Reise mitgenommen, die jenseits der sieben Himmelssphären in die achte und neunte Sphäre führt. Dies sind die allerhöchsten Sphären, die erreichbar sind. Hermes Trismegistos wird als »Vater« angeredet und der Schüler wird von Hermes wiederum als »Sohn« angeredet. Hermes berichtet, dass er schwanger sei durch die »Quelle, die in mir fließt«.[12] Diese Kraft ist geistiger Natur und bringt Kinder hervor. Es werden geistige Kinder geboren. Aus dem weiteren Verlauf des Textes wird deutlich, dass jene Kinder diejenigen sind, die die Gnosis von Hermes empfangen haben. Sie werden in diesem Text *pneumatici* benannt, »die Geistigen«. In dem Augenblick, da sowohl der Schüler wie auch Hermes in die achte und neunte Sphäre aufgenommen werden, ruft Hermes aus:

> »Lass uns einander küssen, mein Sohn, in Liebe! Freue dich darüber. Denn schon kommt von ihnen die Kraft, welche Licht ist, zu uns.«[13]

Durch das Aufgenommenwerden in die höchste Sphäre werden Schüler und Lehrer miteinander eins. In dem Bewusstsein des Hermes Trismegistos sieht der Schüler die achte und neunte Sphäre. Es handelt sich hier also um eine ›geistige Hochzeit‹ zwischen Lehrer und Schüler. Und aus dieser Verbindung gehen geistige Kinder hervor.

Am Schluss einer anderen hermetischen Schrift, die den Namen *Asclepius* trägt, steht ein Gebet. Die Neophyten Tat, Asklepius und Ammon wurden soeben von Hermes Trismegistos ins Allerheiligste eingeweiht. Das Gebet geht dem heiligen Mahl voran und endet mit folgenden Worten:

> »Als sie dieses Gebet zum Himmel gesandt hatten, umarmten sie einander und gaben einander einen heiligen Kuss. Daraufhin gingen sie zu Tisch und nahmen eine Mahlzeit zu sich, die rein war, weil das Fleisch kein Blut enthielt.«[14]

Auch die christlichen Manichäer küssen durchaus viel. Der Manichäismus wurde von Mani begründet (216–176 v.Chr.). Diese Variante des Christentums wächst zu einer weit verbreiteten Kirche heran, die bis nach China reicht. Mani lehrt einen Dualismus. Er sagt: Wenn Gott gut ist, kann das Böse nicht von Gott kommen. Also muss es neben dem guten Prinzip Gottes noch ein anderes Prinzip, das des Bösen, geben. Im Gegensatz zu vielen gnostischen christlichen Strömungen lehrt Mani jedoch nicht den vertikalen Dualismus (das Oben ist gut, die Schöpfung ist schlecht), sondern einen horizontalen Dualismus. Das heißt, dass das Gute und das Böse, das Licht und die Finsternis durch alle Schöpfungsäonen hindurch gleichwertig vertreten und anwesend sind. Auch in der Schöpfung selbst. In ihr sind sowohl Licht wie Finsternis enthalten. Auch im Menschen sind Licht und Finsternis gemischt vorhanden.

Genau wie im Hermetismus und in der Gnosis lehrt der Manichäismus, dass die Erkenntnis des Göttlichen, der Herkunft des Menschen und der Zukunft durch Gnosis erlangt werden kann. Das heißt: durch Einweihung. Es ist daher nicht verwunderlich, dass wir auch im Manichäismus dem »heiligen Kuss« begegnen. Nach dem Zweiten Weltkrieg wurden viele authentische Texte der Manichäer gefunden, vor allem in Ägypten. Eine dieser Schriften ist die so genannte *Kephalaia,* in welcher Mani seine Jünger belehrt. Im neunten Kapitel fragt ein Schüler Mani unter anderem, was die Bedeutung des »Mysteriums des Kusses sei, womit man einander gegenseitig küsst«.[15] Mani legt dar: Der erste Kuss ist der Kuss, mit dem die *Mutter des Lebens* den *Urmenschen* küsste, als er in die Finsternis abstieg, um sie zu bekämpfen. Eine Art Urkuss also. Der zweite Kuss ist der Kuss, mit dem die *Mutter des Lebendigen* und der *Vater des Lebens* den *Urmenschen* küssten, als er aus dem Kampf zurückkehrte. Beider Küsse wird von den Menschen gedacht. Der erste Kuss, wenn man auseinander geht, der zweite Kuss, wenn man einander wieder begegnet:

> »Auch dieser Kuss besteht unter den Menschen, indem sie mit ihm einander küssen, sei es, wenn sie verreisen und sich

voneinander entfernen wollen, oder wenn sie sich einander nähern wollen gemäß dem Mysterium Jenes [d.h. des Kusses des Urmenschen].«[16]

Das ist zunächst ein etwas mysteriöser Text, doch später wird deutlich, was gemeint ist. Der Kuss ist bestimmt für die *Electi,* die manichäischen Eingeweihten, die durch den Kuss aus der Finsternis befreit werden. Es ist ein Einweihungskuss, durch welchen die Angst vor Dämonen verschwindet, das Herz zur Ruhe kommt und der *Licht-Nous* geboren wird. Vom *Licht-Nous* empfängt der *Electus* die Gnosis.

Genau wie im gnostischen Evangelium nach Maria und dem Evangelium des Philippus spielt Maria Magdalena auch in den manichäischen Schriften eine prominente Rolle. In der ägyptischen Wüste wurden neben der koptischen *Kephalaia* auch viele manichäische Psalmen gefunden. Einer dieser Psalmen besingt Maria Magdalena folgendermaßen:

»Marian, Marian, erkenne mich: Rühr mich nicht an. [Stille] die Tränen deiner Augen und erkenne mich, der ich dein Meister bin … Wirf diesen Kummer von dir und verrichte diesen Dienst: Sei ein Botschafter für mich für diese irrenden Wesen. Spute dich in Freude und geh zu den elfen … Sage zu ihnen: ›Steht auf, lasst uns gehen, es ist euer Bruder, der euch ruft.‹ Wenn sie meine Bruderschaft verspotten, sage zu ihnen: ›Es ist euer Meister.‹«[17]

Es ist auch naheliegend, Maria Magdalena als die erste Eingeweihe des Christus zu sehen. Sie ist schließlich die Erste, die ihn sieht, nachdem er auferstanden ist. Petrus dagegen wird in modernen esoterischen Kreisen gerade als derjenige betrachtet, der ganz und gar nicht eingeweiht ist.[18] Auf Petrus ist die Kirche erbaut, und demnach – so die schnelle Schlussfolgerung – ist die Kirche exoterisch. Man beruft sich dabei vor allem auf das Evangelium der Maria, aus dem hervorgeht, dass Petrus pikiert ist, weil der Erlöser Maria mehr erzählt hat als den elf Jüngern. Demnach wäre Petrus nicht eingeweiht. Aber dies stimmt nicht, denn es gibt auch Nag Hammadi-Schriften, die gerade Petrus als den ersten Gnostiker bezeichnen, wie zum Beispiel in der Offenbarung des Petrus. Der Erlöser und Petrus sitzen im Tempel zu Jerusalem. Sie sind im Gespräch miteinander. Der Erlöser (hier als »Sohn des Menschen« bezeichnet) sagt zu Petrus:

> »Du selbst aber, Petrus, bleibe vollkommen gemäß deinem Namen bei mir, der ich dich erwählt habe. Denn mit dir habe ich einen Anfang auch für die übrigen gemacht, die ich zum Erkennen berufen habe.«[19]

Es ist nicht Maria Magdalena, sondern Petrus, der in dieser Schrift als Erster eingeweiht wird. Noch interessanter ist der Inhalt der Gnosis, den Petrus empfängt. Die Offenbarung des Petrus wird häufig als diejenige Schrift zitiert, in welcher in der reinsten und bildhaftesten Weise über den Doketismus (griechisch *dokein,* scheinen) gesprochen wird – eine frühkirchliche Lehre, die besagt, dass Jesus nie oder nur vorübergehend irdische Gestalt angenommen habe (siehe hierzu auch Kapitel 5). Kurz vor dem Kreuztod, so einige Vertreter dieser Lehre, die sich auf die Offenbarung des Petrus beziehen, steigt der Erlöser (der lebende Jesus) aus Jesus heraus und stellt sich neben Petrus, um den Kreuztod des Jesus mitzuerleben. Petrus berichtet:

> »Nachdem er dies gesagt hatte, sah ich ihn so, als ob er von ihnen ergriffen würde. Und ich sagte: ›Was sehe ich, oh Herr? Bist du es, den sie ergreifen? Und (zur gleichen Zeit) hältst du mich fest? Wer ist derjenige oben neben dem Kreuz, der fröhlich ist und lacht? Und ist es ein anderer, dessen Füße und Hände sie schlagen?‹ Der Erlöser sagte zu mir: ›Der, den du oben neben dem Kreuz fröhlich und lachend siehst, ist der lebendige

Jesus. Aber der, in dessen Hände und Füße Nägel geschlagen werden, ist sein leiblicher Teil, welcher der Ausgetauschte ist. Sie beschämen den, der entsprechend seinem Bild entstanden ist. Aber sieh auf ihn und mich!‹ Nachdem ich aber hingesehen hatte, sagte ich: ›Herr, niemand sieht dich. Lass uns von hier fliehen!‹ Er aber sagte zu mir: ›Ich habe dir gesagt, dass sie Blinde (sind). Entferne dich von ihnen! Und sieh doch, wie sie nicht wissen, was sie reden! Denn den Sohn ihrer Herrlichkeit haben sie anstelle meines Dieners zuschanden gemacht.‹ Und ich sah, wie jemand im Begriff war, sich uns zu nähern, der aussah wie er und wie der, der neben dem Kreuz lachte. Und er war voll des heiligen Geistes, und er (war) der Erlöser.«[20]

Jesus küsst Petrus nicht. Es wäre möglich gewesen. Denn es gibt andere Nag Hammadi-Schriften, in welchen Jesus einen Schüler küsst. Zum Beispiel in der (ersten) Offenbarung des Jakobus. Jakobus befindet sich im tiefen Gebet. Dann erscheint der Herr.

»Und der Herr erschien ihm. Er beendete aber (sein) Gebet und umarmte ihn. Er küsste ihn, indem er sagte: ›Rabbi, ich habe dich gefunden. Ich habe von deinen Leiden gehört, die du ertragen hast. Und ich war sehr betrübt.‹«[21]

In der Offenbarung des Jakobus erhält Jakobus den Auftrag, die Gnosis zu verkünden. Jakobus wird in dieser Schrift als »der Bruder« Jesu bezeichnet, jedoch – so steht es da ausdrücklich – nicht im materiellen Sinn.[22] »Bruder« hat hier eine Einweihungsbedeutung.

Der Kuss bei den Kirchenvätern und Märtyrern

Nun könnte man aus dem Vorangegangenen schließen, dass das Ritual des Kusses nur bei den Hermetikern, Gnostikern und Manichäern vorkommt. Also, vereinfacht ausgedrückt, in der esoterischen

Tradition. Doch dies ist nicht der Fall. Auch unter den Christen, die später die christliche Tradition repräsentieren, wird viel geküsst. Wir geben im Folgenden ein paar Beispiele.

Zunächst der Kirchenvater Origenes (185–254). In der christlichen Ostkirche wird er noch immer als der Größte der Kirchenväter betrachtet, mit demselben Format wie Augustinus in der Westkirche. Origenes kommt aus Alexandrien und ist mit den hermetischen und gnostischen Einweihungspraktiken vertraut. Dies geht aus seinem Kommentar zum Hohelied hervor. Es ist ein mystischer Kommentar, in welchem die Braut die Menschenseele vertritt und der Bräutigam Christus. Und weil nun das Hohelied eben mit den Worten »Oh küsse mich mit dem Kuss deines Mundes« (Hohelied 1,2) beginnt, beginnt auch der Kommentar des Origenes mit dem Küssen auf den Mund:

> »Doch nun müssen die Worte selbst genannt werden, in denen zum ersten Mal die betende Braut gehört wird: ›Dass er mich küsse mit den Küssen seines Mundes‹ (Hohelied 1,2). Ihr Sinn ist: Wie lange noch schickt mir mein Bräutigam Küsse durch Mose, schickt er Küsse durch Propheten. Doch seine Lippen will ich jetzt berühren, er soll selbst kommen, er selbst soll herabsteigen. Sie betet also zum Vater des Bräutigams und spricht zu ihm: ›Dass er mich küsse mit den Küssen seines Mundes.‹«[23]

Später im selben Kommentar stellt Origenes sich die Frage, wie wir dies alles zu verstehen haben. Er sagt: »Sind dies nicht alles nur irgendwelche Erzählungen, wenn man die Sache nicht geistig auffasst?« Es handelt sich demnach »um geistige Liebe, die in Gott ihren Ursprung findet«. Und so ist der Kuss zwischen der Seele und Christus der Ausdruck geistiger Liebe.

Dies sehen auch die christlichen Märtyrer derselben Zeit so. In den kanonisierten (offiziellen) Berichten über die Märtyrer finden wir den Bericht über den Märtyrer Saturnus. Er hat während seiner

Marter eine himmlische Vision. Von vier Engeln getragen, gelangt er ins himmlische Paradies. Dort erblickt er Christus:

> »Wir sahen am selben Ort jemand sitzen, der aussah wie ein alter Mann, mit weißen Haaren und einem jugendlichen Gesicht, dessen Füße wir nicht sahen. Links und rechts von ihm standen vier Älteste und hinter ihnen standen noch viele weitere Älteste. Voller Bewunderung traten wir ein und stellten uns vor den Thron. Vier Engel haben uns aufgehoben und wir haben ihn geküsst und er hat mit seiner Hand unser Gesicht gestreichelt.«[24]

Nicht nur in den visionären Himmelreisen der Märtyrer oder in der »mystischen Vereinigung« bei Origenes ist vom Küssen die Rede, sondern auch in der christlichen Eucharistie wird geküsst. »Brüder und Schwestern«, so nannten sich auch die (späteren) Kirchenchristen untereinander. Und sie küssen einander während der Eucharistie. Justinus der Märtyrer (105–166 n.Chr.), einer der ersten christlichen Apologeten und Märtyrer, schreibt im zweiten Jahrhundert darüber in seiner ersten *Apologia.* Dies sieht folgendermaßen aus: Wenn die Gemeinde zusammenkommt, wird zuerst aus dem Alten und dem Neuen Testament vorgelesen. Danach folgt eine Predigt. Daraufhin stehen alle Anwesenden auf und es werden die Fürbitten ausgesprochen, worauf eine Begrüßung mit einem Kuss folgt. Danach werden Brot und Wein ausgeteilt.[25]

Im Verlauf des 2. Jahrhunderts wird jedoch zunehmend Kritik gegenüber der Kuss-Praxis in den christlichen Gemeinden laut. Schließlich wird das Küssen aus dem Ritual der Gemeindeversammlungen getilgt. Mit der Folge, dass das Küssen als »ketzerische Praxis« verurteilt wird. Nehmen wir zum Beispiel den Kirchenvater Tertullian (geb. ca. 155 n.Chr.). In seiner Schrift *De praescriptione hereticorum* (Über die prinzipiellen Vorbehalte gegen die Ketzer) schreibt er unter anderem:

»Ich möchte nicht nachlassen, eine Beschreibung des Lebenswandels der Ketzer zu geben. Wie frivol, wie weltlich, wie ganz und gar menschlich – im schlechten Sinn des Wortes – ist diese, ohne Ernst …, ohne Zucht, genau wie ihr Glaube! Es beginnt schon damit, dass es nicht feststeht, wer eigentlich Zuhörer ist und wer ein Gläubiger – sie haben alle Zugang auf der Basis der Gleichheit; sie hören als Gleichwertige zu, sie beten als Gleiche … Sie teilen den Friedenskuss mit jedem, der kommt … Alle sind arrogant, alle geloben *Gnosis* … Wie frech sind sogar die Frauen bei den Ketzern! Sie haben die Unverschämtheit zu unterweisen, zu exorzieren, Heilungen zu vollziehen und wahrscheinlich sogar auch noch zu taufen! … Nirgends ist es leichter, ein Fortkommen zu finden als im Lager der Rebellen … Denn sogar Laien lassen sie priesterliche Funktionen wahrnehmen!«[26]

Zusammenfassung

Dass Jesus Maria auf den Mund küsst, lässt sich nicht aus dem Evangelium des Philippus ableiten. Es wäre zwar möglich, denn wir haben gesehen, dass im Altertum sehr häufig auf den Mund geküsst wird: als Ausdruck des Verhältnisses zwischen Lehrer und Schüler, zwischen Eingeweihtem und Neophyten. Auch wenn es sich um Männer handelt. Mani küsst seinen Vater Pattikios auf den Mund. Es handelt sich um einen »heiligen Kuss«. So im *Corpus Hermeticum:* »Lasst uns einander in Liebe küssen«, steht dort. Sogar in den frühchristlichen Gemeinden küsst man einander, bevor Brot und Wein ausgeteilt werden. Aber dieser Brauch gerät in ein schiefes Licht: Es sind schließlich die Ketzer, die einander küssen.

KAPITEL 2

Der mystische Kuss im Mittelalter und danach

Auch im Mittelalter hat der »heilige Kuss« noch immer eine Bedeutung, jedoch auf andere Weise. Es geht nicht länger um den Kuss zwischen Lehrer und Schüler. Der Lehrer wird ersetzt durch den Auferstandenen selbst. Und der Kuss ist ein mystischer Kuss geworden. Anfang des 12. Jahrhunderts entwickelt Bernhard von Clairvaux (1090–1153) die mittelalterliche Mystik. Dies tut er in 96 Predigten für seine Mit-Zisterzienserbrüder im Kloster zu Clairvaux. In diesen Predigten behandelt er das altehrwürdige Hohelied aus dem Alten Testament, wie es Origenes bereits tat (siehe Kapitel 1). Dieses Lied, der »Gesang der Gesänge«, der »Canticum Canticorum«, ist besonders geeignet, die mystische Begegnung von Braut und Bräutigam zu beschreiben. Die Braut ist voller Sehnsucht und Verlangen nach dem Bräutigam, sie hat ihr Brautgemach schon zubereitet. Das Brautgemach ist die Seele. In sie kann der Bräutigam einziehen. Das Gespräch zwischen Braut und Bräutigam handelt von dem gegenseitigen Verlangen nacheinander. Der Mystiker oder die Mystikerin sehnt sich nach Christus, und Christus sehnt sich nach dem- oder derjenigen, der oder die ihn sucht. Zugleich ist die Seele die Wohnstätte Gottes selbst als Bild und Gleichnis Gottes. Der Mystiker geht auf die Suche nach Gott – in seiner Seele. Er sucht, was er eigentlich bereits hat. Der Mystiker will die Gegenwart Gottes in seiner Seele bewusst erfahren. Mithilfe der Dynamik des Hohelieds wird diese Suche in wunderbarer Weise ausgearbeitet. Mittelalterliche Mystik bedeutet also: suchen, was man bereits hat. Mit den Worten des mittelalterlichen Mystikers Jan van Ruusbroec (1293–1381): Alle Menschen haben es, nur dass der Mystiker sich dessen bewusst werden will.

Die überwältigend schöne Strophe »Überschütte mich mit den

Küssen deines Mundes« (Hohelied 1,2) wird von Bernhard von Clairvaux folgendermaßen gedeutet:

»Mit Recht nehme ich daher Gesichte und Träume nicht an; Bilder und Rätsel will ich nicht, selbst der Engelerscheinungen bin ich überdrüssig. Sie übertrifft ja weit mein Jesus an Gestalt und Schönheit. Nicht einen anderen, sei es ein Mensch, sei es ein Engel, sondern ihn selbst fordere ich darum auf, mit dem Kusse seines Mundes mich zu küssen. Doch maße ich mir auch nicht an, dass er mit seinem eigenen Munde mich küsse (denn das ziemt nur dem angenommenen Menschen von einziger Glückseligkeit und besonderem Vorrange), sondern Niedrigeres verlange ich: Von dem Kusse seines Mundes geküsst zu werden, begehre ich, denn das ist das Gemeingut Vieler, Aller, die da sagen können: Von seiner Fülle haben wir alle genommen. (Johannes 1,16)«[27]

Jenseits der Visionen und Traumgesichte erstrebt Bernhard die *unio mystica*, das heißt hier: ein Küssen aus seiner Fülle heraus. Bernhard behandelt den Seelen-Aufgang anhand von nicht weniger als drei Arten von Küssen: den Kuss auf die Füße, den Kuss auf die Hand und den Kuss auf den Mund. Der Fußkuss heiligt den Beginn unserer Bekehrung, der Handkuss ist für Fortgeschrittene und der Mundkuss schließlich ist den wenigen Vollendeten vorbehalten. Es handelt sich dabei natürlich um *geistige* Küsse. Bernhard spricht zu seinen Mönchen:

»Wie auf einer Stufenleiter steigt man von dem Kusse des Fußes (Buße) zum Kusse der Hand auf (Demut, Selbstverleugnung), um endlich des Kusses des Mundes gewürdigt zu werden. Da dieses Kusses nur solche Seelen teilhaft werden, die nicht mehr von Sünden beschwert und den Begierden des Fleisches unterworfen sind, ja die vielmehr schon von dem verborgenen Manna gekostet, von der verborgenen Quelle getrunken haben.«[28]

Hadewijch und andere

Nach dieser Einführung in die mittelalterliche Mystik am Beispiel des Hohelieds wird es den Leser im Folgenden nicht mehr überraschen, dass der »mystische Kuss« Christi und der Mystiker eine Konstante in den vielen Darstellungen mystischer Erfahrungen bilden. Wir greifen ein paar Beispiele mittelalterlicher Mystiker heraus.

Zunächst einmal die flämische Mystikerin Hadewijch (1210–1260). Wir kennen sie aufgrund ihrer Visionen, der erbaulichen Briefe an ihre Schwestern des Beginen-Ordens und ihrer Gedichte in Strophenform. Hadewijch zeigt sich in diesen Werken als eine selbstbewusste Frau, eine stolze Seele, wie sie sich selbst charakterisiert. Sie hat auf ihrem mystischen Weg eine wunderbare Balance zwischen Verstand und Gefühl gefunden. Die Vernunft hält die Minne im Zaum und die Minne impulsiert die Vernunft immer wieder aufs Neue.

Darum ist Hadewijch auch eine der bedeutendsten Mystikerinnen. In der Nachfolge des Bernhard von Clairvaux beschreibt Hadewijch den mystischen Weg als in drei Phasen verlaufend:

1. das Üben der Tugenden und Meditieren der Schrift mit der Folge – wenn alles gut verläuft – des Erlebens der Gegenwart Christi;
2. Erleuchtung, durch welche man Visionen empfängt, und ein erstes Gefühl der Gegenwart Christi;
3. Einswerden mit Christus im Seelengrund.

Die verschiedenen Stadien gehen ineinander über, sie müssen aber nicht notwendigerweise in dieser Reihenfolge auftreten; allerdings bedingen sie sich gegenseitig. Sonst geht die Sache daneben. Wenn wir bereits die Gegenwart Christi im ersten Stadium erfahren, ohne dass wir uns ausreichend in den entsprechenden Tugenden geübt haben, kann der Prozess leicht eine ungute Wendung nehmen. Eine mögliche Folge kann das sein, was Hadewijch mit dem Begriff »orewoet« bezeichnet. Sie meint damit, in modernen Termini ausgedrückt, dass wir vor lauter Glück außer uns geraten und uns nicht mehr in der Hand haben, was, ganz gleich, was geschieht, eine absolute Grundbedingung ist. Man bricht in übermütigen Jubel aus, klatscht in die Hände, vergisst plötzlich die Klosterregeln. Die Folge ist, dass einem ab sofort verboten wird, weiterhin mystische Übungen durchzuführen, jedenfalls zunächst. Erst muss man ausreichend in sich selbst gegründet, gefestigt sein. »Gut beieinander sein«, würden wir heute sagen.

An einem Pfingstsonntag überkommt Hadewijch während der Mette eine Vision. Sie sieht einen Adler vom Altar her kommen, der zu ihr sagt, dass sie sich auf die Einswerdung vorbereiten solle. Daraufhin kommt Christus selbst vom Altar auf sie zu. Zuerst als Kind, dann als Mann und schließlich »kam er selbst zu mir«. Allerdings noch »von außen«. Letztendlich wird Hadewijch eins mit ihm: »Und so sehr verging er und zerschmolz er in der Einheit mit mir, dass ich ihn außerhalb von mir nicht mehr unterscheiden oder wahrnehmen konnte und dass er auch in mir nicht mehr von mir zu trennen war.«[29] In einer aufsteigenden Reihe erfährt Hadewijch die letzte Einswerdung, die *unio mystica.* Am Anfang der Vision stellt Hadewijch sich vor, wie sich diese Einswerdung anfühlen müsse. Es ist »eine süße Minne und ein Umarmen und Küssen«.[30] Christus küsst Hadewijch! So stellt sie sich die geistige Hochzeit vor. In ihrer neunten Vision referiert sie dabei übrigens selbst auf die Hohelied-Strophe über das Küssen.

Der mystische Kuss bleibt im Allgemeinen dem letzten Stadium des mystischen Weges vorbehalten. Die spanische Mystikerin Theresa von Avila (1515–1583) beschreibt den mystischen Weg nicht in drei, sondern in sieben Phasen. Es ist erst im »siebenten Gemach«, wie sie es nennt, dass Christus »sie an sich zieht durch den Kuss, um welchen ihn die Braut anflehte«.[31]

Der Utrechter protestantische Prediger und Mystiker Jodocus von Lodenstein (1620–1677) benutzt die Hohelied-Metaphern von Braut und Bräutigam, um die mystische Beziehung zwischen der Seele und Christus zum Ausdruck zu bringen. In seiner Predigt über den Hohelied-Vers: »Der König hat mich in seine Gemächer geführt«

(Hohelied 1,4) kommt der Kuss als solcher nicht ausdrücklich vor. Die einzige Referenz an den ersten Satz des Hohelieds: »Er küsse mich …«, ist die folgende: »Wegen diesem allem pries sie [die Braut] Christus und sprach viel über seine Fülle, Schönheit und Liebe.« Wir erfahren allerdings nicht mehr darüber, was genau der König und die Braut eigentlich in den Privatgemächern des Königs getan haben. Jodocus sagt: »In dieser innersten Kammer zeigte Er ihr all seine Herrlichkeiten und Reichtümer: Sofort zeigte Er Sich selbst und Seine verborgene Liebe, die Er ihr schon vor langer Zeit zugedacht hatte.«[32]

Der Kuss bei den Naturphilosophen

In der Zeit, als in der protestantischen Mystik eines Jodocus von Lodenstein nicht mehr geküsst wurde, wird dies in anderen mystischen Traditionen noch in Hülle und Fülle getan. So zum Beispiel in der Tradition der Bewegung der Naturphilosophie. Diese Bewegung ist vielleicht besser bekannt unter der Bezeichnung »Radikaler Pietismus« oder Pansophie bzw. Christliche Theosophie. Unter diese Bewegung fallen die Alchemisten aus dem 17. und 18. Jahrhundert sowie die Rosenkreuzer. Bekannte Namen sind Paracelsus (1493–1541), Valentin Weigel (1533–1588), Jakob Böhme (1575–1624), Christoph Friedrich Oetinger (1702–1782) und zuletzt Goethe (1749–1832). Diese Strömung ist vor allem in Deutschland eine wichtige und prägende mystische Bewegung. Charakteristisch für sie ist, dass sie auf der einen Seite den klassischen mystischen Weg pflegt, wie es bereits das Mittelalter tat: Christus wird im eigenen Innern gesucht. Darüber hinaus sucht man allerdings Christus auch in der Natur. Mittels der Erforschung der Natur versucht man den Wirkungen des Christus auf die Spur zu kommen. Man geht dabei von der Vorstellung aus, dass Christus in den Naturprozessen gegenwärtig und wirksam ist, genauso wie er es in der Seele ist. Wenn man in der Alchemie nach dem so genannten »Stein der Weisen« sucht oder sich bemüht, Gold herzustellen, sind dies alles Metaphern für die Suche nach der Wirksamkeit des Christus in der Natur. Denn – unseren häufigen Vorstellungen in Bezug auf Alchemisten, Magier und Astrologen/Astronomen dieser Zeit zum Trotz: Es steht bei ihnen im Vordergrund, dass sie absolut devote Christen sind. Viele Vertreter dieser Strömung sind Pfarrer und Wissenschaftler. Magie und Alchemie ist im 17. und 18. Jahrhundert eine »Kunst«, d.h. eine Wissenschaft. Diese Naturwissenschaftler suchen, wie geschildert, Christus in der Natur. Von diesem Ansatz könnte der heutige naturwissenschaftliche Betrieb noch Einiges lernen.

Wir betrachten in diesem Kontext zweierlei Arten von Küssen. Zum Ersten den mystischen Kuss, wie er von Jakob Böhme beschrieben wird, zum Zweiten den alchemistischen Kuss, wie ihn Johann Valentin Andreae (1586–1654) in seinem Werk *Die Chymische Hochzeit Christiani Rosencreutz anno 1459* beschreibt.

Der Kuss Jakob Böhmes ist einzigartig in der Geschichte der Mystik. Denn der Mystiker wird nicht von Christus, sondern von Sophia geküsst:

> »Liebe Seele, es muss ernst sein, ohne Nachlass. Die Liebe eines Kusses der edlen Sophia in dem heiligen Namen Jesu erlangest du wohl, denn sie steht ohne das vor der Seelen Tür und klopfet an, und warnet den Sünder des gottlosen Weges ...«[33]

In der *unio mystica* empfängt der Mystiker einen Kuss von Sophia, die im Namen Jesu auftritt. Sie vollzieht die Ehe und reicht den Siegeskranz:

> »Hier tritt die Jungfrau ... zur Seele und küsst sie mit ihrer süßesten Liebe in der Essenz ganz innerlich, und drückt ihr ihre Liebe zum Siegeszeichen in ihre Begierde ein.«[34]

Sophia spricht:

»O edler Bräutigam, bleib doch mit deinem Angesicht vor mir stehen und gib mir deine Feuerstrahlen, führe deine Begierde in mich und zünde mich an, so will ich dir aus meiner Sanftmut deine Feuerstrahlen in ein weißes Licht verwandeln und meine Liebe durch deine Feuerstrahlen in dein Feuerwesen einführen, und will dich ewig küssen.«[35]

Warum lässt Jakob Böhme die Seele eins werden mit Sophia und nicht mit Christus selbst? Die Seele weiß doch, dass es letztlich nicht um Sophia, sondern um Christus geht. Die Seele will die Perle selbst, nicht nur den Siegeskranz der Sophia. Doch dies ist nicht möglich, lässt Böhme Sophia der Seele erklären. Die Perle selbst, die *unio mystica* mit Christus, ist erst nach dem Tod, im ewigen Leben, möglich. Ich bin, sagt Sophia, eine Vorausspiegelung davon schon während des Lebens. Böhme ist damit im Grunde orthodoxer als die mittelalterlichen Mystiker. Denn die Einswerdung mit Christus selbst während des Lebens könnte bedeuten, Mystiker seien der Auffassung, man könne bereits während des Lebens vergöttlicht, ja, selbst zum Gott werden. Dies ist natürlich nicht möglich, der Mensch bleibt eben einmal immer Mensch. Jan van Ruusbroec wird im 14. Jahrhundert mit der Tatsache konfrontiert, dass er den Unterschied zwischen den Menschen und Gott in der *unio mystica* nicht immer gleich scharf darstellen kann. In seinem Frühwerk beschreibt Ruusbroec die Einswerdung als eine Einswerdung »ohne Unterschied«. Das ist eine ketzerische Vorstellung, denn sie könnte voraussetzen, dass Mensch und Gott in der Einswerdung einander gleich werden. Um dies zu verhindern, schiebt Jakob Böhme Sophia zwischen Christus und die Seele.

In seiner *Chymischen Hochzeit Christiani Rosencreutz* beschreibt Johann Valentin Andreae die Vereinigung von Sponsa und Sponsus (Braut und Bräutigam) in alchemistischen Metaphern. Die Hauptperson, Christian Rosencreutz, wird eingeladen, bei der Hochzeit des neuen Königs und der neuen Königin anwesend zu sein. Doch weil hier in alchemistischen Metaphern und nicht in biblischer Sprache gesprochen wird, wird es den Leser nicht verwundern, dass wir den ›Kuss‹ hier in anderer Weise dargestellt finden – und zwar in einer Weise, die noch aufschlussreich sein wird, wenn wir sogleich noch einmal den Kuss zwischen Jesus und Maria im Philippus-Evangelium betrachten.

Nachdem der neue König und die neue Königin mittels alchemistischer Prozeduren als zwei prächtige Standbilder geschaffen worden sind, müssen sie noch lebendig gemacht werden. Dies vollzieht sich in zwei Stadien. Zuerst bekommen beide eine Posaune an den Mund gesetzt. Dann wird im Laboratorium eine Öffnung in der Deckenkuppel aufgetan und dreimal ein goldener Feuerstrahl in die Posaune gegossen, in den Mund der beiden Standbilder also. Dadurch werden sie beseelt. Sie werden also gewissermaßen – wie in einem Märchen – wachgeküsst, allerdings nicht von einem Prinzen, sondern von einem goldenen Lichtstrahl als Metapher für Christus. Danach schlafen die beiden Standbilder noch eine halbe Stunde. Sie sind noch nicht wach. Dafür bedarf es Cupidos, der »sie [hinter einem Vorhang] so lange neckte, bis sie erwachten«.[36]

Noch einmal: der Kuss zwischen Jesus und Maria Magdalena

Wir können jetzt aufgrund des bisher Dargestellten festhalten, dass es sich in den esoterischen, gnostischen und mystischen Schriften immer wieder um einen Einweihungskuss, einen mystischen Kuss oder einen alchemistischen Kuss handelt. Es geht dabei um einen Kuss, durch welchen der Einzuweihende oder der Mystiker eingeweiht wird, oder aber eins wird mit Christus. Wie ist unter diesem Aspekt das Philippus-Evangelium zu beurteilen? Was bedeuten der Satz: »Er küsste sie häufig«, und der Tadel der Apostel an die Adresse des Erlösers, dass »er sie mehr liebt als uns«? Muss im Philippus-Evangelium von einer Einweihungsbeziehung zwischen dem Erlöser und Maria Magdalena gesprochen werden? Das muss wohl aufgrund des soeben Dargestellten angenommen werden. Um das Ganze klarer zu sehen, müssen wir einmal den gesamten Text heranziehen. Dies wird nicht immer getan, wenn man das Philippus-Evangelium benutzt, um daraus herzuleiten, dass hier von einer Liebesbeziehung die Rede sei, denn darauf soll es ja letztlich hinauslaufen. Der erste wichtige Hinweis, der uns hilft, eine Antwort auf unsere Frage zu finden, ob man hier von einer geistigen Ehe sprechen kann, ist im nachfolgenden Text enthalten:

> »Es ist nicht möglich, dass jemand etwas von den Feststehenden (d.h. den Dingen der göttlichen Lichtwelt) sieht, es sei denn, dass dieser wie jene wird (d.h. ohne diesen Dingen gleich zu werden). So verhält es sich nicht mit dem Menschen, der auf der Welt ist: Er sieht die Sonne, ohne (selbst) Sonne zu sein; und er sieht den Himmel und die Erde und alle übrigen Dinge, ohne (selbst) jene zu sein. So verhält es sich mit der Wahrheit: Vielmehr hast du etwas von jenem Ort gesehen, und du wurdest zu jenen Dingen. Du hast den Geist gesehen, du wurdest Geist, du hast Christus gesehen, du wurdest Christus. Du hast den [Vater gesehen, du] wirst Vater werden. […] Und was du siehst, wirst du [werden].«[37]

Dies ist ein schwieriger Text, der beschreibt, dass man, sobald man sich in der geistigen Welt befindet, der Wahrnehmung und den Erscheinungen nicht mehr gegenübersteht, sondern mit ihnen eins geworden ist. »Sehen« bedeutet zunächst immer: einer Sache gegenüberstehen. Jenseits der Schwelle der physischen Wahrnehmung und der physischen Welt wird man jedoch eins mit dem, was man sieht. Wenn man *dort* Christus sieht, wird man mit ihm eins. Denn Christus ist schließlich gekommen, »damit er die Trennung, die von Anfang an bestand, wieder beseitige«.[38] Der Mensch wird wieder eins, wenn er aus dem Geiste geboren wird.[39] Dies geschieht, wenn der Geist wiedergeboren wird aus der »Gnosis« und dadurch eins wird mit der Seele:

»Als er sich (mit dem Geist) vereinigte, [sprach er] einige Worte, die zu erhaben für die Kräfte waren. Sie (= die schlechten Mächte) beneideten ihn um den pneumatischen Partner ... (d.h. weil sie außerhalb der geistigen Einswerdung standen).«[40]

Wenn Geist und Seele wieder vereinigt sind, ist man ein »vollkommener Mensch« geworden. Diese Menschen werden »dieses wahre Geschlecht« genannt. Sie sind die »Kinder des Brautgemaches«.[41] Sie sind »mit dem Sohne Gottes zusammen« und müssen deswegen den Herrn lieben.[42]

Genau wie Origenes in der späten Antike und Bernhard von Clairvaux im Mittelalter benutzt auch der Autor des Philippus-Evangeliums das Hohelied, um die Beziehung zwischen Braut und Bräutigam zu beschreiben. Und zwar in ihrer mystischen Bedeutung: Die »Kinder des Brautgemachs« müssen den Herrn lieben. Dies tut Maria Magdalena offenbar stärker als die anderen Apostel.

Darum wird sie vom Erlöser eingeweiht. Sie erlebt eine Himmelsreise mit, die sie bis in die vierte Himmelssphäre führt, wie wir aus dem Evangelium nach Maria wissen. Es ist Christus, der sie dabei begleitet. Ich zitiere: »Bis dahin [d.h. bis in die vierte Himmelssphäre] hatte der Erlöser mit ihr gesprochen.«[43] Die himmlische Offenbarung, die Maria empfängt, ist ein »Gebären«. Es ist eine »geistige Schwangerschaft«, welche die »Vollkommenen« empfangen:

»Denn die Vollkommenen werden durch einen Kuss schwanger und gebären. Deswegen küssen wir einander. Wir werden schwanger durch die Gnade, die unter uns ist.«[44]

Küssen, Schwangersein und Gebären bedeuten: eingeweiht werden. Maria Magdalena war geistig schwanger vom Erlöser. Und das »Kind« ist die Einweihung, die »Gnosis«, die Erkenntnis der geistigen Welt. Durch den Kuss wird der Geist eingehaucht, das »Pneuma«. Maria wird als Erleuchtete wiedergeboren, so wie dem neuen König und der neuen Königin in der *Chymischen Hochzeit* das Pneuma durch den Lichtstrahl eingehaucht wird, der durch die Öffnung in der Decke fällt. Dadurch werden Seele und Geist vereint. Das ist die Ehe, die von Christus bestätigt wird.

Schlussfolgerung

In der mittelalterlichen Mystik wird ziemlich viel geküsst. Es geht dabei um die *unio mystica*. Der Kuss drückt die Vereinigung zwischen Christus und dem Mystiker bzw. der Mystikerin aus. So ist es auch bei Jakob Böhme, allerdings mit einer anderen, eigenen Nuance. Denn zwischen Christus und dem Mystiker steht bei ihm noch die Sophia. Sie wird vom Mystiker geküsst.

Der ›heilige Kuss‹ drückt eine geistige Eheschließung aus, keine körperliche. Aus dieser geistigen Ehe werden »geistige Kinder« geboren, keine physischen. So müssen das Evangelium nach Maria und das Philippus-Evangelium gelesen werden: als Einweihungstexte, in welchen die Seele den Geist ›heiratet‹.

KAPITEL 3

Die mittelalterliche Gralsliteratur

»Der Gral symbolisiert die verlorengegangene Urmutter«, fuhr Langdon fort. »Mit der Verbreitung des Christentums haben die alten heidnischen Religionen sich nicht auf einen Schlag in Luft aufgelöst. Die Legenden von der ritterlichen Suche nach dem verlorenen Gral handeln in Wirklichkeit von der verbotenen Suche nach der göttlichen Urmutter ...« – »Verzeihung, Robert«, sagte Sophie, »als Sie sagten, dass der Gral eine Frau ist, dachte ich, Sie meinten damit eine ganz bestimmte Frau.«

Dan Brown, *Sakrileg,* S. 256f.

Einleitung

Dan Brown zufolge ist das Geheimnis des Grals das Geheimnis der Nachfahren von Jesus und Maria Magdalena. Das Gralsgeschlecht ist das Geschlecht von Jesus und Maria Magdalena, behütet und abgeschirmt durch die illustre Bruderschaft von Sion. Brown schreibt also über eine physische Ehe mit Nachkommen, während wir aufgrund der vorangegangenen Kapitel festgestellt haben, dass von einer geistigen Ehe gesprochen werden muss. Und demnach auch von geistigen Nachfahren. In den Einweihungszeugnissen wird von »geistigen Kindern« gesprochen. Somit können wir uns fragen, was das Geheimnis des Grals wirklich ist. Verbirgt der Gral eine physische Nachkommenschaft oder eine geistige Nachkommenschaft? Handelt es sich um physische Kinder oder um geistige Kinder?

Über den Gral wird besonders viel romantischer Unsinn verzapft. In diesem Kapitel wollen wir uns damit befassen: über Sinn und

Unsinn des Grals. Betont werden muss, dass die Geschichten über den Gral *Geschichten* sind: Es ist ein literarischer *Corpus*. Solche Geschichten wurden von Barden und Troubadours an den mittelalterlichen Ritterhöfen erzählt. Am Ende des 12. Jahrhunderts wurden sie aufgeschrieben. Die erste Gralserzählung erscheint aus der Feder von Chrétien de Troyes im Jahre 1185: *Le Conte du Graal* (»Die Geschichte des Grals«). Es ist, als wäre damit ein Damm gebrochen worden: Innerhalb weniger Jahrzehnte erscheint daraufhin eine Sturzflut von Gralserzählungen. Dies hält an bis in das 15. Jahrhundert, als Thomas Malory sein *Le Morte d'Arthur* verfasst. Wie war es möglich, dass dieses literarische Genre so populär wurde? Was verbirgt sich hinter dem Gral?

Troyes in der Champagne

Chrétien de Troyes wird im Jahre 1135 in Troyes geboren. Er wird zum Priester ausgebildet, schlägt aber die Laufbahn eines Romanciers ein und zieht als Troubadour von Hof zu Hof, um spannende Ritterabenteuer zu erzählen. Meistens ist Chrétien im Dienste der Gräfin Maria und des Grafen Heinrich II. von der Champagne. Der Graf stirbt im Jahre 1181, kurz nachdem er von einem Kreuzzug zurückgekehrt ist. Sein anderer Dienstherr ist Graf Philipp vom Elsass, der Graf von Flandern. Also treffen wir Chrétien auch häufig in Brügge an. Chrétien ist der erste Troubadour, der seine Geschichten schriftlich fixiert.

Wie Chrétien das Gral-Genre entwickelte und woher er seine Informationen bezog, werden wir wahrscheinlich niemals erfahren. Aber es gibt durchaus Vermutungen. In erster Linie fällt in den Erzählungen von Chrétien auf, dass die Ritter einen noblen Charakter haben und friedliebend sind. Sie kämpfen nur im Falle eines Unrechts. In seinen Geschichten wird zum Beispiel nicht – was man durchaus in der Zeit der Kreuzzüge erwarten würde – gegen die Moslems oder feindliche Nachbarn gekämpft, sondern seine

Geschichten spielen sich im Allgemeinen auf dem Turnierplatz ab, jener Stätte, wo Ritter ihre heldenhaften Tugenden par excellence zur Schau stellen können. Nicht die Heldentaten, sondern der *Charakter* der Ritter, darum geht es Chrétien. Das ist etwas Neues in der damaligen Zeit, und es deutet darauf, dass sich eine neue Mentalität ankündigt: der Wandel von der frühmittelalterlichen magisch-realen Mentalität zur Mentalität der Scholastik und der Mystik, in welcher der Verstand und das Individuum entwickelt werden. Auf dem Hintergrund dieses Wandels müssen wir auch *Le Conte du Graal* lesen. König Arthus wird von Chrétien als das Idealbild eines christlichen Ritters dargestellt. Wo Arthus' Ratgeber Merlin noch mit einem Bein in der magisch-realen Wirklichkeit des frühen Mittelalters steht – voller Wunder und Magie –, ist Arthus der typische Vertreter des christlichen Verstandesmenschen der Scholastik.

Troyes liegt nur 40 Kilometer von Clairvaux entfernt. Bernhard von Clairvaux (siehe Kapitel 2) und Chrétien de Troyes sind in derselben Gegend und im selben geistigen Klima aktiv. Bernhard beschreibt den mystischen Weg in drei Stadien: das des Sklaven, des Söldners und des Sohnes. Diese drei Stadien ähneln in vielem den drei Stadien, die Perceval in *Le Conte du Graal* durchmacht. Die Suche nach dem Gral ist möglicherweise mit dem mystischen Weg verwandt. Wenn dies so ist, wird das ›Programm‹ der Gralsliteratur deutlich. Es verfolgt den Zweck, aus den wüsten und unzivilisierten Rittern christliche Ritter zu machen. Erfüllt von noblen Tugenden, treuer Minne gegenüber der Dame und auf der Suche nach dem Gral. Wo Bernhard eine mystische *queste* für seine Zisterziensermönche skizziert, da entwirft Chrétien eine geistige, christliche *queste* für die Ritter. Und dies kommt an.

Der Gralshüter: Josef von Arimathia

In derselben Zeit, als Chrétien seinen *Le Conte* verfasst, schreibt Robert de Boron eine andere Gralserzählung: *Li Romanz de l'Estoire dou Graal.* Robert de Boron hat Verbindungen zur Abtei von Glastonbury, dem Ort, an dem den Legenden zufolge Avalon gelegen haben soll. Im Jahre 1191 rufen die Mönche der Abtei plötzlich »Heureka«, weil sie auf dem Klostergelände das Grab des legendären König Artus entdecken. Das ist zwar eine fromme Legende, doch sie vermittelt dem Kloster vielerlei Einkünfte aufgrund der zahlreichen Pilger, die jetzt nach Glastonbury Abbey kommen. Bis zum heutigen Tag ist es so geblieben. Die Mönche berufen sich auf die *Historia regum Brittanniae* (»Die Geschichte der Könige von England«), geschrieben um etwa 1150 von Geoffrey of Monmouth. Geoffrey berichtet in seiner Geschichte von einem ruhmreichen Krieger namens Artus, der Ende des 5., Anfang des 6. Jahrhunderts gelebt habe. Ob dieser Krieger wirklich König gewesen ist, beschäftigt die Historiker bis heute; als gesichert kann aber gelten, dass es ihm gelang, die britischen Truppen unter sich zu vereinen und in der Schlacht bei Mount Badon um das Jahr 493 einen legendären Sieg über die eindringenden Sachsen zu erzielen. Wie auch immer, für Geoffrey handelt es sich um den Kriegsherrn Artus, der sein Domizil in der Burg Tintagel an der Westküste Südenglands hatte. Tintagel ist früher ein keltisches Heiligtum gewesen. Auf seinen Fundamenten wurde später ein irisches christliches Kloster erbaut sowie eine Burg. Keine Gralsburg nota bene! Davon ist bei Geoffrey noch keine Rede, und Artus ist auch noch kein König. Erst die Mönche von Glastonbury machen ihn dazu. Da wird aus den Tatsachen Legende.

Doch es gibt noch weitere Zusammenhänge. In Avalon soll Josef von Arimathia an Land gegangen sein, in der Zeit, als Avalon noch eine Insel war. In *Li Romanz de l'Estoire dou Graal* von Robert de Boron ist es jedoch der Sohn Josefs, Bron, der den Gral nach Avalon bringt. In *l'Estoire* finden wir den Bericht vom Ursprung und die Geschichte des Grals. Robert stützt sich auf Matthäus 25, 57–60, wo berichtet wird, dass Jesus nach seinem Tod in ein Grab gelegt wird, das Josef von Arimathia gehörte. Josef ist ein Jünger Jesu, lesen wir da. Dies führt zu schönen apokryphen Erzählungen. Im apokryphen *Evangelium des Nikodemus* wird berichtet, dass Josef von den Römern und Pharisäern gefangen genommen und in einen Turm eingesperrt wird. Dort muss er viele Jahre bleiben. Man hat ihn vergessen. Doch nicht so der Auferstandene! In dem Kerker hat Josef eine Begegnung mit dem Auferstandenen, ähnlich wie Paulus bei Damaskus. Und genauso wie Paulus, erkennt auch Josef ihn zuerst nicht. Er denkt, dass er eine Geisterscheinung sieht. Als er zur Abwehr die zehn Gebote aufsagt, spricht die Erscheinung sie mit ihm mit. Josef denkt nun, dass er Elias sieht. Erst als Jesus Josef im Geiste mitnimmt zum Auferstehungsgrab, erkennt dieser ihn:

> »Da wischte er mein Gesicht ab, umarmte mich und sagte: ›Hab keine Angst, Josef, öffne deine Augen und schaue, wer es ist, der mit dir spricht.‹ Und als ich aufblickte, sah ich Jesus … Er ergriff meine Hand und setzte mich mitten in das Haus, dessen Türen verschlossen waren, und er brachte mich zu Bett und sprach zu mir: ›Friede sei mit dir!‹ Dann küsste er mich.«[45]

Nebenbei wollen wir darauf hinweisen, dass Jesus Josef küsst. So wie er auch Maria Magdalena im Philippus-Evangelium küsst.

Robert de Boron stützt sich auf das Nikodemus-Evangelium, doch er arbeitet die Begegnung Josefs mit dem auferstandenen Christus auf eine ganz besondere Weise um. Bei Robert de Boron spielt die Gralsschale plötzlich eine wichtige Rolle. Dies liest sich so:

> »Bei Gott jedoch, an dem man in der Not seinen Freund findet, war er [Josef] nicht in Vergessenheit geraten; denn Gott vergalt ihm reichlich, was er für Ihn erduldet. Er kam zu ihm in das Verlies und trug sein Gefäß in der Hand, das eine so große Helligkeit über ihn ergoss, dass der Kerker im Lichte strahlte. Und als Joseph die Helligkeit erblickte, da freute er sich in seinem Herzen. Gott brachte ihm sein Gefäß, worin er Sein Blut aufgefangen hatte. Joseph war im Innersten von der Gnade des Heiligen Geistes ganz erfüllt, als sein Blick auf das Gefäß fiel, und

er sprach: ›Herr und allmächtiger Gott, woher kommt diese so große Klarheit? Ich glaube so innig an Euch und Euren Namen und wähne, sie könne nur von Euch kommen.‹ - ›Joseph, nun entsetze Dich nicht; die Kraft Gottes [=die Kraft des Heiligen Geistes] hast Du zur Hilfe, wisse, dass sie Dich ins Paradies retten wird, wohin sie Dich führen soll.‹
Joseph fragte Jesus Christus, wer er sei, da er so schön und licht sei: ›Herr, ich kann Euch nicht erschauen noch erkennen noch erahnen.‹ – ›Joseph!‹, sprach Gott, ›höre auf mich und glaube, was ich Dir sagen will. Ich bin Gottes Sohn, den Gott auf die Erde senden wollte, um die Sünder vor der Verdammnis zu retten und vor der großen höllischen Pein. Ich kam auf die Erde, um den Tod zu erleiden, am Kreuze zu enden und zu sterben, um das Werk meines Vaters zu retten…‹«[46]

Robert de Boron berichtet weiter von Adam und Eva und dem Sündenfall und dass der Herr darum am Kreuze leiden musste. Josef kann es fast nicht glauben, dass er Christus selbst erblickt:

»›Wie, Herr?‹, sprach Joseph zu ihm, ›seid Ihr denn Jesus, der in der edlen Jungfrau Fleisch annahm, die Josephs Frau und Gemahlin war? Bist Du der, den Judas um dreißig Silberlinge an die elenden Juden verkaufte, der, den sie peitschten und schlugen und zuletzt ans Kreuz hängten? Den ich in das Grabmal legte und von dem die Juden behaupteten, ich hätte Euren Leichnam geraubt und aus dem Grab entwendet?‹ – ›Der bin ich in aller Wahrheit! Glaube es und Du wirst das Heil empfangen!‹«[47]

Dann hebt Jesus die Schale in die Höhe und übergibt sie Josef. Vom Herrn selbst erhält Josef den Auftrag, die Schale zu hüten, die Schale, die man den Gral nennt, sagt Robert de Boron später.

Es ist deutlich: Josef sieht im Kerker den Auferstandenen. Christus selbst bestätigt, dass er der präexistente Sohn ist, der Fleisch angenommen hat, am Kreuze gestorben und auferstanden in seinem verherrlichten Körper.

Der Urvater des Gralsgeschlechtes ist Josef von Arimathia. Er schaut im Kerker den Auferstandenen. Dies ist das Geheimnis des Grals. Der Sohn Josefs, Bron, wird als »der Fischerkönig« bezeichnet. Das Gralsgeschlecht ist das Geschlecht der Fischerkönige.

Die *Queste del Saint Graal*

Die *Queste del Saint Graal* ist eine der bekanntesten Gralserzählungen, berühmt geworden unter dem modernen englischen Titel *The Quest of the Holy Gral.* Sie handelt von König Artus und der Romanze zwischen Guinevere und Lancelot. In der *Queste* ist Galahad der Gralsheld, der schließlich Gralskönig werden wird. Auch er hat eine Begegnung mit Christus. Die *Queste del Saint Graal* ist etwa 1225 von dem Erzdekan von England Walter Map († 1209) verfasst worden. Er hat die *Queste* auf Befehl des englischen Königs Henry II. (1154–1189) aus dem Lateinischen in die französische Sprache übersetzt. Das weist auf jeden Fall darauf hin, dass die *Queste* ursprünglich aus einer Zeit vor 1189 stammt.

Galahad ist von der Vorsehung bzw. der geistigen Welt schon von vornherein zum Gralskönig ausersehen. Schon im zweiten Kapitel sagt ein weiß gekleideter Mönch (ein Zisterziensermönch also), dass die Ankunft Galahads mit der Ankunft des Christus verglichen werden kann:

> »Heute ist das Gleichnis erneuert worden, wobei der Vater seinen Sohn zur Erde sandte, um sein Volk zu befreien. Genau wie Torheit und Bosheit bei seiner Ankunft die Flucht ergreifen und die Wahrheit offenbart wurde, so auch hat der Herr Dich auserkoren unter allen anderen Rittern, um durch alle Länder ins Ausland zu ziehen, um allen Gefahren ein Ende zu bereiten

> … Dies ist der Grund, warum Deine Ankunft mit dem Kommen von Jesus Christus verglichen werden muss.«[48]

Durch viele Länder zieht Galahad als der »neue Christus«, um dort große Heldentaten zu verrichten und Menschen aus der Bedrängnis zu befreien. Diese Reise erstreckt sich über 13 Kapitel, manchmal hat sie beträchtliche Längen. Die Abenteuer ziehen gewissermaßen wie ein Film vorbei und Galahad steigt nach Belieben in den Film ein oder aus ihm heraus, um seine Heldentaten auszuführen. Bei allem, was er erlebt, bleibt er jedoch unverwundet. Erst im 15. Kapitel erreicht Galahad die Gralsburg, zusammen mit Bors und Perceval. Im Schloss Corbenic sehen wir den Gralsträger Josephus, »den ersten christlichen Bischof«. Er ist ein Sohn Josefs von Arimathia. Er teilt die Hostie aus der Gralsschale aus, als ob »er die Messe vollzöge«:

> »Als er die Hostie in die Höhe hielt, stieg aus der Höhe eine Figur hernieder wie ein Kind, dessen Antlitz glühte und so strahlend glänzte wie Feuer; und Er stieg ab in das Boot, das ganz deutlich eine menschliche Gestalt annahm vor den Augen derjenigen, die dort versammelt waren. Als Josef einen Moment lang mit der erhobenen Hostie dastand, für jeden sichtbar, legte er die Hostie zurück in die heilige Schale.«[49]

Bis hierhin handelt es sich um ein bekanntes mittelalterliches Thema, über welches damals eine aktuelle Diskussion in Bezug auf die Transsubstantiation geführt wurde: Ist Christus wirklich in der Hostie bei der *elevatio* (Erhebung) anwesend oder nicht? Für den Verfasser der *Queste* ist das gar keine Frage. Er macht deutlich, in welchem Milieu wir die Gralsliteratur anzusiedeln haben: im Milieu der Kirche, nicht etwa dem der Katharer. Denn diese glauben nicht an die Menschwerdung, den Tod und die Auferstehung Christi. Und somit auch nicht an die Transsubstantiation (siehe hierzu Kapitel 4).

Doch die Geschichte geht noch weiter. Sie erhält dann eine völlig andere, mystische Thematik, weil Christus noch ein weiteres Mal erscheint. Josephus verschwindet auf merkwürdige Weise in der Luft und danach erscheint Christus den drei Gralssuchern:

»Als die Freunde ihre Augen aufschlugen, sahen sie die Gestalt eines Mannes erscheinen, die aus der heiligen Schale hervorkam, unbekleidet und mit blutenden Händen und Füßen und Seiten; und Er sprach zu ihnen: ›Meine Ritter, meine Diener und meine getreuen Söhne, die das geistliche Leben erreicht haben, während sie noch im Fleische sind, ihr, die mich so eifrig gesucht habt, so dass ich mich nicht länger mehr verbergen kann. Es ist gut, dass ihr Teile meiner Geheimnisse und meiner Mysterien seht, denn durch eure Taten habt ihr euch einen Platz an meinem Tische erworben, an welchem kein Ritter mehr gesessen hat seit den Tagen des Josef von Arimathia. Und was das Übrige betrifft, sie haben den Lohn der Diener empfangen, was bedeutet, dass die Ritter dieses Schlosses und viele, die dabei sind, von der Gnade des Heiligen Geistes erfüllt sind, doch niemals von Angesicht zu Angesicht so wie ihr jetzt. Nehmt nun und esset von der kostbaren Nahrung, nach welcher ihr solange gesucht habt und für welche ihr so viele Prüfungen durchstehen musstet.«[50]

Daraufhin werden die drei Genossen von der Hostie ernährt, die von Christus selbst gereicht wird. Später erläutert Jesus Galahad, dass die Schale, die er trägt, die Schale ist, die als der Gral bezeichnet wird. Der Gral muss von Galahad in die heilige Stadt Sarras gebracht werden, in den »geistigen Palast«. Doch zuvor erhält Galahad von Christus noch den Auftrag, den kranken König von Corbenic zu heilen, indem er ihn mit der heiligen Lanze berührt. Zum Schluss vergleicht Christus die zwölf Ritter der Tafelrunde mit den zwölf Aposteln. Genau wie bei den Aposteln wird er immer in ihrer Mitte sein. Dann steigt Christus zum Himmel auf. Am nächsten Tag reisen die drei Helden mit dem Gral ab nach Sarras. Galahad wird zum Gralskönig geweiht. Nach einem Jahr bittet er darum, sterben zu dürfen, und als er stirbt, erscheint eine Hand aus dem Himmel, die den Gral an sich nimmt, so dass seither niemand mehr den Gral erblickt hat.

Der Gralsheld und die Wiederkunft Christi

Die Beziehung zwischen dem Gral und dem auferstandenen Christus wird in der Gralsliteratur noch in anderer Weise ausgearbeitet. William of Malmesbury ist der erste englische Historiker, der von Artus berichtet, und zwar in seinem Werk *De Regum Gestis Anglorum* (»Über die Taten der englischen Könige«), etwa aus dem Jahre 1125, also noch vor Geoffrey of Monmouth. Darin sagt er von Artus, dass sein Grab nirgends gefunden wurde, »ein Grund, warum antike Fabeln sagen, dass er zurückkehren wird«.[51] Dies ist ein direkter Verweis auf biblische Gestalten wie Henoch, Melchisedek und Elias, die ebenfalls nie gestorben sind oder zum Himmel auffuhren. Ein Grund, warum die Juden in ihrer apokalyptischen Literatur in den Jahrhunderten im Umkreis der Geburt Christi gerade ihn als Hauptfigur im apokalyptischen Drama benutzen.

Artus als der wiedergekehrte Elias, der der Ankunft des Messias vorangeht? Und der Messias selbst ist Galahad oder Parzival? In der *Queste del Saint Graal* bleibt ein Platz an dem runden Tisch unbesetzt, derjenige, an dem einst der Gralsheld Platz nehmen wird. Als ob Artus die Wiederkunft des Messias erwarte. Als Galahad zum Hofe Artus' gebracht wird, sagt dessen Begleiter zum König: »Ich bringe Dir den erwarteten Kämpfer, der ein Nachkomme des Königs David ist.« Artus reagiert erfreut auf diese Mitteilung, denn man hat bereits so lange auf ihn gewartet.[52]

Als der Gralsheld den Gral einmal erblickt hat, wird er zum neuen Gralskönig. Eins geworden mit dem Gral, ist er der Messias. Doch diese Zeit ist noch nicht angebrochen. Den Gral, Christus, in unverhüllter Weise zu erblicken – das ist im Mittelalter noch nicht möglich. Christus, der seine Mysterien offenbart!? Diese Zeit muss offenbar erst noch kommen. Darum nimmt Gott den Gral mit in den Himmel. Eines ist auf jeden Fall deutlich, wenn wir die mittelalterliche Gralsliteratur studieren: Die Ritter erwarten die Wiederkunft des Menschensohns. Dieser wird einst in unverhüllter Weise erblickt werden können.

Die Wiederkunft Christi im 20. Jahrhundert

Der Gral erzählt also die Geschichte der Begegnung mit dem Auferstandenen. *Das* ist das wahre Geheimnis. Gralsritter ziehen aus, um Christus in der Welt zu suchen. Wie die mittelalterlichen Mystiker Christus im eigenen Inneren suchen, so suchen die Gralsritter Christus in der Welt. Durch alle Entbehrungen und Kämpfe. Also kein mystischer Rückzug in die Tiefen der eigenen Seele, sondern ein Hinausgehen in die Welt.

In der *Queste del Saint Graal* nimmt Gott am Ende der Erzählung den Gral mit in den Himmel. Die Frage stellt sich: Wann wird das Geheimnis des Grals aufs Neue enthüllt werden? In Dan Browns Roman wird dies, dem bösen Genie Sir Lionel Teabing zufolge, im Jahre 2000 geschehen. Am Ende des 20. Jahrhunderts muss offenbart werden, dass Jesus mit Maria Magdalena verheiratet ist und dass sie ein physisches Geschlecht begründet haben. So ist es jedoch nicht in der Gralsliteratur. Dort handelt es sich um das Geschlecht des Josef von Arimathia, das das Geheimnis der direkten Begegnung mit dem Auferstandenen hütet. Ein geistiges Geheimnis also.

Dennoch hat Dan Brown irgendwo eine Saite angeschlagen, allerdings eine falsche. Die Saite, die er berührte, ist folgende: Im 20. Jahrhundert beginnt der Auferstandene wieder sichtbar zu werden, er beginnt sich wieder zu nähern. Und die Frage stellt sich, ob wir eigentlich ausreichend geistig reif sind, um ihn sehen zu können. Darüber gibt es derzeit sehr viel Literatur. Über Menschen, die bezeugen, ihn gesehen zu haben. Nehmen wir nur das sehr bekannt gewordende Buch von Hillerdal und Gustafsson, *Sie erlebten Christus*[53], oder andere Bücher, die noch weitere Erlebnisse enthalten, wie zum Beispiel folgendes:

> »Als ich das Gedicht gesprochen hatte, kam jemand in mein Zimmer. Ich wusste im Augenblick, wer das war, sank am Fensterbrett auf die Knie und wagte nicht, mich umzuwenden und Ihn anzusehen. Von Ihm strömten ein Licht und ein Friede aus, der über allem Verstand ist. Ich fühlte deutlich die Berührung Seiner Hand, als Er sich bückte und mir eine Last abnahm – die Bürde, dass ich nicht zu Seinem Werkzeug tauge. Wie lange ich an dem Fensterbrett auf den Knien lag, weiß ich nicht.«[54]

Ist es vorstellbar, dass das Gralsgeheimnis im 20. Jahrhundert offenbart worden ist? Dass Menschen einfach so, mitten im Alltagsleben, eine spontane Begegnung mit dem auferstandenen Christus haben? Und das vielleicht sogar, ohne sich auf eine *Queste* begeben zu haben?

Zusammenfassung

Gralsritter haben im Mittelalter niemals wirklich existiert. Es handelt sich um epische Literatur, zur Erbauung unzivilisierter Ritter, die noch getauft werden mussten. Statt zu rauben und zu plündern, sollten sich diese Ritter auf die Suche nach dem Gral begeben. Während dieser *Queste* hatten die Ritter Enthaltsamkeit zu üben. Sie mussten sich läutern. Wenn dies gelang, fanden sie vielleicht den Gral.

Die große Frage, die auch Richard Wagner in seiner Oper *Parsifal* seinen Helden stellen lässt, lautet: Was ist der Gral? Der Gral ist die Begegnung mit dem Auferstandenen. Wo die Mystiker Christus in ihren Herzen suchten, da suchten die Gralsritter den Gral in der Welt. Doch der Gral wird von Gott zurückgenommen in den Himmel. Das Geheimnis des Grals ist das Geheimnis der Begegnung mit dem Auferstandenen. Dieses Geheimnis scheint sich im 20. Jahrhundert zu enthüllen: wenn – so die Zeugnisse – Menschen eine Begegnung mit dem Auferstandenen haben.

KAPITEL 4

Romantische Geschichten: Der Gral und die Katharer

Im Jahre 1933 erschien ein eigenartiges Buch aus der Feder von Otto Rahn: *Kreuzzug gegen den Gral.* Rahn ist der Erste, der einen Zusammenhang zwischen den Katharern und dem Gral herstellt. Er sucht – und findet – eine historische Verbindung. Die Hauptpersonen aus dem Gralsepos des Wolfram von Eschenbach erweisen sich ihm als dieselben wie die Hauptgestalten im Katharer-Drama. In Adelaide, der Gräfin von Carcassonne, meint er, Parzivals Mutter Herzeloide zu erkennen. Ihr Sohn ist Ramon-Roger von Trencaval. Dieser soll Parzival selbst gewesen sein. Trencaval ergibt sich im Jahre 1241 den Kreuzfahrern. Die *parfaite* (katharische Priesterin) Esclarmonde de Foix wird von Rahn als die Gralsträgerin Repanse de Schoye identifiziert. Und der Einsiedler Trevrizent muss das Modell für einen katharischen *parfait* abgeben. Doch all dies stimmt nicht. Trevrizent betont im Epos *Parzival,* dass es um den Kreuztod Christi geht, als Parzival am Karfreitag in der Einsiedelei eintrifft. Trevrizent unterrichtet Parzival über Gott:

> »Er ist immer hilfsbereit. […] Seid ihm treu und zweifelt nie, denn Gott ist der Inbegriff der Treue, und falsche List verabscheut er. Danken wir ihm dafür, dass er so viel für uns getan hat.«[55]

Gott selbst war das Kind einer Jungfrau, sagt Trevrizent.[56] Kurz bevor Parzival bei dem Einsiedler eintrifft, begegnet er einem Pilgerzug. Die Pilger belehren ihn, welcher Tag es ist, nämlich Karfreitag, der Tag des Leidens Christi. Sie fragen Parzival:

> »Wenn Ihr an seine Menschwerdung glaubt und daran, was er um unsertwillen an diesem Tag, den man deshalb festlich be-

geht, erlitten hat, dann tut Ihr unrecht, die Rüstung zu tragen. Heute ist Karfreitag, und da sollten sich alle Menschen freuen, aber auch seufzen und bangen. Hat es je eine größere Treue gegeben, als sie uns Gott erwies, da er für uns ans Kreuz geschlagen wurde.«[57]

Geht es noch orthodoxer? Die Gralsliteratur ist Kirchenliteratur! Sie gehört zum kirchenchristlichen Diskurs. Und Rahn ist nichts weiter als ein Scharlatan! Rahn inspiriert die Thule-Gesellschaft, die so genannte ›Esoterische Abteilung‹ der SS. Wegen Alkoholproblemen wird er aus der SS geworfen. Er stirbt im Jahr 1939 unter verdächtigen Umständen auf einem Berg in Österreich.

Rahn ist auch von Antonin Gadal inspiriert worden. Gadal (1877–1962) ist Konservator der Höhlen von Sabarthez in den Pyrenäen. Dort kann er nach Herzenslust allein herumstreunen. Er entdeckt alles Mögliche. In den Höhlen von Lombrives sollen angeblich die *parfaits* ihre Initiationsriten veranstaltet haben. Eine dieser Grotten wird von Gadal als die »Kathedrale der Katharer« bezeichnet. Eine andere bezeichnet er als »Bethlehem«. Dort soll ein großes Pentagramm in den Stein gehauen sein. Hier sollen die *parfaits* ihre Einweihung erfahren haben, mit ausgestreckten Armen und Beinen, so dass die Spitzen der Gliedmaßen die Spitzen des Pentagramms berühren. Gadal schreibt auf eine Art und Weise, als sei er im Mittelalter selbst dabei gewesen:

»Alle Brüder knieten, außer dem Ancien (Ältesten), der dazu bestimmt ist, ihn (den Einzuweihenden) seiner ärmlichen Kleider zu entledigen. Matthäus [= der Einweihungsname des Betreffenden] nimmt jetzt, im Sinne der Einkerbungen, die in den Felsen gehauen sind, in dem Pentakel, dem Fünfstern, Platz. Von dort aus blickt er auf seine Brüder, die sich unterhalb von ihm in kniender Haltung auf den Boden geworfen haben: Ab jetzt ist er einer von ihnen. Er hört ein eindrucksvolles Gebet [...] Es ist ihm, als habe er diese Welt verlassen und sei in den

> Himmel aufgenommen worden […] Welch erhabener Augenblick! Matthäus lebt nicht mehr: Nein, er ist nicht mehr von dieser Welt. Plötzlich sieht er ein Licht, stärker als das der Sonne, das von den Händen des Ordenshauptes ausgeht. Ein kräftiger Strahl trifft seine Augen. Er sieht nichts mehr als einen Saal, der ganz und gar in Licht getaucht ist, so stark, dass er nicht einmal mehr den Boden sieht […] Matthäus kann nur ausrufen: Der Becher! Der goldene Kelch! Der heilige Gral! Oh Christus, ich bin bereit. Ja, befiehl nur: Genau wie für dich wird auch für mich das Opfer zum kostbarsten Gut … Der goldene Kelch … Der heilige Gral!«[58]

Gadal wird als einer der letzten geheimen Nachfahren der *parfaits* betrachtet, vor allem in modernen Rosenkreuzer-Kreisen, die dem *Lectorium Rosicrucianum* nahestehen.

Die katharische Gralsverbindung ist auch populär in anthroposophischen Kreisen. Der Anthroposoph Déodat Roché (1877–1978) ist ein wichtiger Grals- und Katharerforscher. Er ist der Begründer der legendären Zeitschrift *Cahier d'Etudes Cathares.* Eine Zeitschrift, in welcher Wissenschaft, fromme Fantasie und esoterische Romantik einträchtig in einer bunten Mischung nebeneinander stehen.

Der nächste Romantiker ist Fernand Niel. Er entdeckt, dass der Montségur (der Hauptsitz des Katharertums) nicht als Burg, sondern als katharisches Heiligtum erbaut sein soll. Es soll dort ein Sonnenkultus stattgefunden haben. Genau am 21. März soll dort ein Sonnenstrahl durch ein ganz bestimmtes Fenster scheinen. Darin soll dann der Gral sichtbar werden. Tatsache ist jedoch, dass die steinerne Ruine auf der Bergspitze überhaupt nicht von den Katharern erbaut wurde: Zur Zeit der historischen Belagerung war der Montségur eine mit Holz verstärkte befestigte Burg, ein so genanntes *Castrum.* Dieses wurde nach dem Fall des Montségur im Jahre 1244 geschleift. An derselben Stelle wurde dann zwischen 1299 und 1319 eine neue Burg erbaut, diesmal aus Stein. Und diese wurde von den Siegern errichtet! Durch die Verfolger der Katharer also. Und wer heutzutage voll heiliger Scheu den Montségur besteigt, um den angeblichen katharischen Pilgerort zu besichtigen, der besichtigt in Wahrheit die Burg der Unterdrücker!

Die letzten Katharer ziehen sich in die Grotten der Vorpyrenäen zurück, in die Höhlen von Lombrives. In der Bergwand befindet sich ein großes Gewölbe, durch welches ein immer enger werdender Gang führt, den man schließlich kriechend durchqueren muss und der letztlich in einer enormen unterirdischen Höhle mündet. Dieser Gang wird im Jahre 1328 zugemauert. In der Höhle – so will es die romantische Überlieferung – saßen 513 Katharer wie Ratten in der Falle. In Wahrheit stammen die Knochen, die in diesen Grotten gefunden wurden, von Neandertalern. Doch es ist ein wunderbares, symbolisches Ende des Katharertums. In den Grotten von Lombrives ist das Licht des Katharertums erloschen.

Das gnostische Christentum der Katharer

Um 1150 erscheinen die ersten Quellen, in welchen von den Katharern die Rede ist. In derselben Zeit hält Bernhard von Clairvaux seine Predigten über das Hohelied (siehe Kapitel 2). Und etwa in derselben Zeit erzählen die Troubadours die Gralsgeschichten an den europäischen Höfen. Noch einmal: Die Gralsritter suchen Christus in der Welt, die Mystiker suchen ihn in der eigenen Seele. Die Katharer wiederum suchen Christus in den Himmelsfernen. Genau wie die alten gnostischen Christen. Die katharischen *parfaits* können bis in den siebten Himmel aufsteigen. Der Überläufer Arnaud Sicre aus Ax berichtet der Inquisition Folgendes:

> »Da war ein bon homme (›guter Mann‹, also ein Parfait) …, der zum Vater betete, dass er ihm seine Glorie zeige. Eines Tages, als er auf diese Art betete, erschien ihm ein Engel, der sagte, er sei gekommen, um ihm die Glorie des Heiligen Vaters zu zeigen … Er hieß ihn auf seinen Flügeln Platz nehmen und nahm

> ihn mit bis in den ersten Himmel, der nach dieser Welt des Kummers kommt, und setzte ihn dort ab. Und dieser Mann sah den Herrn dieser Welt und des Himmels. Er kam näher und wollte ihn anbeten. Doch der Engel verbot es ihm [...] denn er sei nicht sein Vater.«[59]

Der *bon homme* geht weiter. Er durchschreitet alle Himmel, bis er in den siebten Himmel gelangt:

> »Er [=der Engel] trug ihn schließlich bis in den siebten Himmel, und als er den Herrn dieses Himmels sah, sagte der Engel zu ihm, dass es der Heilige Vater sei und dass er ihn anbeten könne. Der Mann näherte sich dem Vater und betete ihn an.«[60]

Der arme *bon homme* weiß vor lauter Glückseligkeit nicht, wie ihm geschieht, und will natürlich nicht zur Erde mit all ihrem Elend zurückkehren. Doch er muss zurückkehren, wobei er wieder die sieben Himmel durchläuft. Es zeigt sich schließlich, dass er insgesamt 32 Jahre im Himmel verbracht hat, nach der Himmelszeit gemessen ist dies »von der ersten bis zur dritten Stunde«. Auch die Mystikerin Hadewijch sagt in einer ihrer Visionen, dass es ihr leid tue, zurückkehren zu müssen. Doch es gibt einen großen Unterschied: In den Visionen berichtet Christus ihr, dass sie zurückkehren muss, weil sie auf dem Wege der *Menschwerdung* zu Gott kommen soll. Die *Erde* ist der Weg zu Gott. Unser *bon homme* dagegen muss aus einem ganz anderen Grund zur Erde zurück: Der Heilige Vater sagt zu ihm, er müsse zurückkehren, weil »das Fleisch, welches aus Korruption geboren ist«, nicht dort bleiben könne, er müsse vielmehr absteigen »in die Welt des Kummers und der Sorge«.[61] Für die Katharer ist die Erde nicht so etwas wie eine Werkstatt, in der daran gearbeitet wird, zu Christus zu kommen. Für sie ist die Erde der Ort des Elends und des Übels.

Die Himmelsreise dieses *bon homme* basiert auf einer katharischen Schrift, die den Titel *Ascencio Iesaia* trägt, also die Himmelfahrt des Jesaia. Die Ascencio ist eine der wenigen katharischen Originalschriften, die auf der Ascencio Iesaia aus den ersten Jahrhunderten beruht. Diese Schrift ist wahrscheinlich auf dem Weg über die Bogomilen (eine verwandte christliche Strömung auf dem Balkan) zu den Katharern gelangt und war dort sehr populär. Nun gibt es allerdings einen ganz wesentlichen Unterschied zwischen der frühchristlichen Ascencio und der katharischen: Die Katharer haben aus der originalen Schrift einen Satz gestrichen, und zwar denjenigen, der besagt, dass Christus durch den Kreuztod hindurchgegangen ist, seine Herrlichkeit empfing und auf diese Weise, für die Engelchöre sichtbar, durch die Sphären zum Vater zurückreist. Auch in der katharischen Ascencio kehrt er, allen Engeln sichtbar, zurück, doch die Aussage »durch den Kreuzestod hindurch« haben die Katharer gestrichen. Die Katharer glauben nicht an den Tod am Kreuz und die Auferstehung. Genau wie die alten gnostischen Christen können sie nicht akzeptieren, dass ein so hoher Geist sich beschmutzt haben soll, indem er tatsächlich mit dem »korrumpierten Fleisch« eins wurde. Diese Haltung, die nicht an den Kreuztod und die Auferstehung glaubt, wird als Doketismus bezeichnet (siehe Kapitel 1). Das Fleisch ist korrumpiert, und, so muss gefolgert werden, darum ist auch die gesamte Schöpfung korrumpiert. Es ist nicht der gute Gott, der die Welt geschaffen hat, sondern ein schlechter Demiurg. Meistens wird dieser mit Jahwe gleichgesetzt. Es handelt sich hier also um einen ›schlechten Schöpfer‹, und die Welt ist somit ebenfalls schlecht. Dies wird heute mit einem schönen theologischen Terminus als »vertikaler Dualismus« bezeichnet.

Diese zwei Glaubensgrundsätze zusammen – Doketismus und vertikaler Dualismus – schließen aus, dass die Katharer etwas mit der Gralsliteratur zu tun gehabt haben können. Denn Parzival lernt bei Trevrizent nun gerade, was es mit dem Kreuzestod und der Auferstehung auf sich hat. Und er wird unterwiesen in der Lehre von dem einen Gott, der alles geschaffen hat.

Zusammenfassung

In der Gralsliteratur des Mittelalters wird die Geschichte des mittelalterlichen Ritters erzählt, der sich auf die Suche nach dem Gral begibt. Als er den Gral schließlich finden darf, erweist sich dies als eine Begegnung mit dem auferstandenen Christus, der durch den Kreuzestod hindurchgegangen ist. Die Gralsritter schauen den Auferstandenen während der von Priestern zelebrierten Eucharistiefeier. Das alles ist sehr un-katharisch. In großen Teilen der modernen Literatur über die Katharer wird davon ausgegangen, sie seien Gralshüter gewesen. Dies kann nicht der Fall gewesen sein. Kreuzestod, Auferstehung und die christliche Eucharistie werden von den Katharern nicht gelehrt.

KAPITEL 5

Jesus oder Christus im frühen Christentum

> »Bei dieser Versammlung wurde eine Vielzahl christlicher Angelegenheiten erörtert und durch Abstimmung entschieden ... und natürlich auch die *Göttlichkeit* Jesu.« – »Seine Göttlichkeit?« – »Bis zum Konzil von Nizäa, meine Liebe, wurde Jesus von seinen Anhängern als sterblicher Prophet betrachtet, als ein großer und mächtiger Mensch, aber eben als *Mensch* – ein sterblicher Mensch.« – »Nicht als Sohn Gottes?« – »Nein. Zum Sohn Gottes wurde Jesus erst nach einer entsprechenden Abstimmung auf dem Konzil von Nizäa erklärt«, sagte Teabing.
>
> Dan Brown, *Sakrileg*, S. 251

Mensch oder Sohn Gottes?

Die Frage, ob Jesus nun ein Mensch war oder der Sohn Gottes, hat die Gemüter durch die ganze Geschichte des Christentums beschäftigt. Das kirchliche Christentum hat immer den Standpunkt vertreten, dass es um beides geht: Mensch *und* Sohn Gottes. Dies wird offiziell als die »Zweinaturenlehre« bezeichnet, wie sie auch im christlichen Credo festgelegt ist. Dieses Credo hat seine definitive Gestalt während des Konzils von Nizäa im Jahre 325 n.Chr. erhalten. Doch lange bevor das Credo seine definitive Gestalt erhielt, gab es bereits gültige und mit Autorität versehene Versionen wie das so genannte »Apostolische Glaubensbekenntnis« aus dem 2. Jahrhundert. Bereits dort finden wir, dass Jesus der Sohn Gottes ist, dass er aus dem Heiligen Geist und aus Maria empfangen wurde, dass er gekreuzigt und gestorben ist zur Zeit des Pontius Pilatus und dass er auferstanden ist. Dass Jesus sowohl Mensch als Gott ist, das ist für die (späteren) Kirchenchristen also bereits in der Mitte des 2. Jahrhunderts deutlich. Aber damit ist der Kampf noch nicht zugunsten der Kirchenchristen entschieden. Denn es wimmelt im 2. Jahrhundert von christlichen Gruppierungen, die alle möglichen Ansichten über das »Mysterium von Golgatha« vertreten. Eigentlich ist dies im Christentum nie anders gewesen. Immer wieder entsteht die Frage nach der wahren Natur des Jesus Christus. Und jedes Mal geht es dabei um die Entweder-oder-Frage: War er Mensch *oder* Gott? Diese Frage ist immer noch aktuell, wie das Beispiel des Amsterdamer Theologieprofessors H.M. Kuitert zeigt, der konstatiert, dass die Zweinaturenlehre ein »misslungenes Denkmodell« sei.[62]

Das Konzil von Nizäa

Uneinigkeit über die Zweinaturenlehre in der frühen christlichen Kirche ist der Anlass für das Konzil von Nizäa. Auf der einen Seite steht der Presbyter Arius († ca. 336) aus Alexandria, der sagt: Wenn Jesus Mensch und Gott ist, so impliziert dies, dass Jesus auch Gott ist neben Gott. Dann hätten wir also zwei Götter. Dies kann nicht sein, und demnach – so schlussfolgert Arius – kann Jesus niemals Gott gewesen sein. Erst dadurch, dass Jesus Gott bis in den Tod gehorsam war, erhält er den göttlichen Status. Des Arius Gegner ist der Bischof Athanasius von Alexandrien († 373). Er löst das Problem so, dass er behauptet, Christus sei mit dem Vater eins und also könne keine Rede von zwei Göttern sein; so bleibt Christus Gott *mit* Gott. Nicht *neben* Gott. Er ist aus dem Heiligen Geist geboren (das Gottsein) und aus der Jungfrau Maria (das Menschsein). Diese Frage führt zu großen Kontroversen innerhalb der Kirche. Arius hat viele Anhänger, die als Arianer bezeichnet werden. Doch auch Athanasius hat gute Argumente auf seiner Seite, die – so findet er – in stärkerer Übereinstimmung mit der Heiligen Schrift stehen.

Kaiser Konstantin betrachtet das Ganze unterdessen argwöhnisch. Er möchte Einheit in seinem Reich und im Christentum. Während seiner Regierungszeit von 306 bis zu seinem Tode 338 bevorzugt er die Christen immer stärker. Aber es muss sich dann auch um ein friedliebendes Christentum handeln, das von Einheitlichkeit geprägt ist. Um dies zu fördern, ruft er während des Konzils von Nizäa alle Bischöfe zusammen. Es nehmen ungefähr 250 Bischöfe teil, von denen nur fünf aus dem Westen kommen. Der Bischof von Rom ist nicht einmal anwesend. Für den Kaiser ist die Art und Weise, wie die Kirche *organisiert* wird (nach römischem Staatsrecht nämlich), viel wichtiger als der theologische Disput über das Wesen Jesu Christi. Dennoch steuert Konstantin höchstselbst die Lösung des Problems bei, indem er das griechische Wort *homo-ousios* vorschlägt. Dieses Wort bedeutet, dass Jesus Christus »desselben Wesens« wie Gott ist. Die meisten Bischöfe können hier mitgehen, doch einige sehen die Sache anders. Diese sind der Auffassung, dass *homoi-ousios* die bessere Formulierung sei. Sie fügen den Buchstaben i hinzu. Und das bedeutet »gleichen Wesens«. Die Bischöfe, die das *homo-ousios* nicht unterschreiben können, müssen sofort abreisen und werden verbannt. Arius wird nach Illyrien verbannt. Doch was zeigt sich? Unruhe und Uneinigkeit bleiben. Nichts ist gelöst. Und darum werden alle Bischöfe im Jahre 327 aufs Neue zusammengerufen. Und dann wiederum 381 während des Konzils von Nizäa-Konstantinopel. Immer wieder gelingt es den Bischöfen aus theologischen Gründen nicht, die Frage endgültig zu klären, und immer wieder ist es ein römischer Kaiser, der für Ordnung sorgen muss.

Was geschieht nun genau während dieser Konzilien? Worum geht es eigentlich? Es geht darum, dass die römischen Kaiser mit Worten spielen, mit juristischen Termini und mit Macht, mit dem Ziel, eine Sache unter ihre Kontrolle zu bringen, die ihren Verstand übersteigt. Sie betreiben Diplomatie auf einem Gebiet, wo diese nicht anwendbar ist. Sie versuchen, das Mysterium – denn so wird es in der Kirche eigentlich bis heute gesehen – der Zweinaturenlehre mit dem Verstand zu begreifen. Und so etwas ist bei Mysterien natürlich nicht möglich.

Das Mysterium der zwei Naturen

Am Schluss sind dic römischen Kaiser letztlich die Betrogenen. Denn die Zweinaturenlehre ist keine Lehre, es ist ein Mysterium, nicht in ein einziges Wort zu fassen und auch nicht mit dem Verstand zu begreifen. Wenn man dies dennoch tun will, kann man nicht anders, man muss eine Wahl treffen: Jesus Christus ist entweder Mensch *oder* Gott. Beides geht eigentlich nicht. Denn der Verstand kann eigentlich nur in Gegensätzen, dialektisch denken. Wenn etwas dies ist, kann es nicht gleichzeitig jenes sein, so schlussfolgert der Verstand. Doch das Göttliche erhebt sich über diese Ebene. Im Übersinnlichen können Gegensätze durchaus zusammenfallen. Dies ist im Wesentlichen der Grundgedanke aller großen Mystiker. Nehmen wir zum Beispiel Nikolaus Cusanus (1401–1464) in seinem Werk *De docta ignorantia*. Der Titel dieses Werks drückt es eigentlich schon aus: »Die belehrte Unwissenheit«. Man wird erst gelehrt, wenn man unwissend geworden ist, wenn man etwas mit dem Verstand nicht mehr begreifen kann. Auf diese Weise ist es nämlich möglich, den Verstand zu transzendieren. Dann gelangen wir in ein symbolisches, ein imaginatives Bewusstsein. Und dort können Gegensätze sehr wohl verbunden werden. Dort ist es kein Problem, dass Jesus Christus sowohl Mensch als Gott ist. Doch für den Verstand ist und bleibt dies ein Mysterium. Und da ist es am besten, einfach zu glauben.

Wenn Kuitert also behauptet, dass die Zweinaturenlehre ein missglücktes Denkmodell sei, sagt er im Grunde: Ich denke über den Glauben nach mit meinem Verstand. Und dann kann ich nur zu den Ergebnis gelangen, dass es sich um einen missglückten Gedanken handelt. Während Kirche und Theologie doch gerade mehr vertreten sollten als nur den Verstand.

Mensch und Gott gleichzeitig denken zu können, heißt, den Verstand überwinden. Es heißt: den Verstand erleuchten. Denken können, dass der Geist (Gott) Stoff (Mensch) geworden ist. Dass dies möglich ist! Erst das ist wirklich geistiges Denkenkönnen. Und dass der Stoff (Mensch) wieder Geist (Gott) wird durch den Kreuztod

– das ist erst echte Esoterik. Die Ironie der christlichen Geschichte besteht darin, dass gerade das traditionelle Christentum das Mysterium des In-eins-Fallens der Gegensätze bis heute vertreten hat. Und das ist nun gerade die Essenz des Glaubensbekenntnisses: »Gott ist Mensch geworden und hat unter uns gewohnt.« In diesem Sinne hat das traditionelle Christentum einen eigentlich viel esoterischeren Charakter als zum Beispiel die Gnosis und die Lehre der Katharer. Denn die Katharer lehren den Doketismus, wie wir gesehen haben. Sie können nicht glauben, dass Gott Mensch geworden und am Kreuz gestorben ist.

Wer ist es, der am Kreuz stirbt?

Nun gibt es eine bestimmte Schwierigkeit mit diesem gnostischen und katharischen Doketismus. Denn was bedeutet das Wort Doketimus ganz genau? In der bereits erwähnten Nag Hammadi-Schrift, der Petrus-Offenbarung, wird der Doketismus in einer besonders bildreichen Weise besprochen (Kapitel 1). Der Erlöser hat gerade zu Petrus gesprochen, wonach er gefangengenommen wird. Petrus versteht überhaupt nichts von diesen Vorgängen und fragt den Erlöser:

> »Was sehe ich, oh Herr? Bist du es, den sie ergreifen? Und (zur gleichen Zeit) hältst du mich fest? Wer ist derjenige oben neben dem Kreuz, der fröhlich ist und lacht? Und ist es ein anderer, dessen Füße und Hände sie schlagen?«

Der Erlöser antwortet:

> »Der, den du oben neben dem Kreuz fröhlich und lachend siehst, ist der lebendige Jesus. Aber der, in dessen Hände und Füße Nägel geschlagen werden, ist sein leiblicher Teil, welcher der Ausgetauschte ist. Sie beschämen den, der entsprechend seinem Bild entstanden ist. Aber sieh auf ihn und mich!«

Und dann findet jene merkwürdige Szene statt, dass dieser lachende, frohe und lebendige Jesus sich dem Petrus zugesellt, um daraufhin den Kreuzestod Jesu zu betrachten:

»Und ich sah, wie jemand im Begriff war, sich uns zu nähern, der aussah wie er und wie der, der neben dem Kreuz lachte. Und er war voll des heiligen Geistes, und er (war) der Erlöser [...] Er aber sagte zu mir: ›Sei standhaft! Denn du bist derjenige, dem diese Geheimnisse gegeben wurden, um aufgrund einer Offenbarung zu erkennen, dass der, den sie gekreuzigt haben, der Erstgeborene ist [...] Aber der, der neben ihm steht, ist der lebendige Erlöser. Zuerst haben sie ihn (zwar) ergriffen, aber er wurde freigelassen. Er stand freudig da, indem er auf die sieht, die ihn verfolgt haben.‹«[63]

Hier steht also, dass der Erlöser selbst, der lebendige Jesus, kurz vor dem Kreuztod seine fleischliche Gestalt verlassen hat, die den Erlöser ersetzt. Petrus erlangt die Erkenntnis dieses Mysteriums. Der Erlöser selbst schenkt Petrus die Erkenntnis der Wahrheit des doketischen Kreuzestods. Die Wahrheit ist, dass nicht Christus stirbt, sondern seine fleischliche Gestalt, Jesus. Christus hat – nach der Taufe im Jordan – jenen Fleischesmantel des Jesus gewissermaßen umgelegt, doch kurz vor dem Tod am Kreuz wieder ausgezogen. Der Jesus im Fleischesmantel ist dann am Kreuz gestorben. Petrus wird also nicht von dem »fleischlichen Jesus« in die Gnosis eingeweiht, sondern durch den Erlöser selbst. So lehrt man es in der antiken Gnosis. Und so lehren es auch die Katharer im Mittelalter. Der präexistente Erlöser ist nicht am Kreuz gestorben, vielmehr jedoch sein »fleischlicher Jesus«.

Zusammenfassung

Wer oder was ist nun am Kreuze gestorben? Dies ist mehr oder weniger die allerwichtigste Frage des frühen Christentums. Wie müssen wir diesen Vorgang verstehen? Ist es der menschgewordene präexistente Sohn Gottes? Ist es der Mensch Jesus, der erst durch sein Opfer am Kreuz vergöttlicht wurde? Liegt die Wahrheit irgendwo dazwischen? Etwas mehr Gott oder ein bisschen mehr Mensch? Ist der vergöttlichte Mensch gestorben oder der menschgewordene Gott? Oder ist überhaupt keine Rede von einem Zusammengehen beider: Verlässt der präexistente Erlöser kurz vor dem Tod am Kreuz den Menschen Jesus, wie es die Gnosis lehrt? Oder findet die vollkommene Einswerdung gerade am Kreuz statt, wie es das spätere Kirchenchristentum lehrt? – Wie es auch sein möge, in allen Fällen geht das frühe Christentum davon aus, dass der *Mensch* Jesus gestorben ist.

KAPITEL 6

Jesusbilder in der modernen Theologie und Esoterik

Einleitung

Die moderne Esoterik beruft sich häufig auf die antike Gnosis in der Unterstellung, dass dies noch das »wahre esoterische Christentum« sei. Die antike Gnosis lehrt, dass der präexistente Erlöser kurz vor dem Tod am Kreuz aus dem Menschen Jesus heraustritt. Es sterbe zwar der Mensch Jesus, nicht aber Christus (siehe Kapitel 5). Nun ist es merkwürdig, dass man gerade in der modernen Esoterik lehrt, der »Fleisches-Jesus« sei nicht am Kreuz gestorben. In der antiken Gnosis findet man den »Fleisches-Jesus« eigentlich unwichtig. Man betont vielmehr den nicht-gestorbenen Erlöser oder Christus. In der modernen Esoterik – oder was als solche gelten will – dreht man die Sache häufig um: Man betont den »Fleisches-Jesus«, der angeblich nicht gestorben ist.

Der Mensch Jesus stirbt nicht

Der erste ausgesprochene Vertreter dieser Jesus-starb-nicht-Auffassung findet sich in den Kreisen des AMORC. AMORC steht für die Bezeichnung »Alter mystischer Orden Rosae Crucis«, eine internationale Rosenkreuzer-Gesellschaft, gegründet von dem Parapsychologen H. Spencer Lewis (1883–1939) in New York. Der AMORC geht vor allem aus der französischen Rosenkreuzer-Freimaurerei hervor, um genau zu sein, aus dem französischen Martinisten-Orden.

Spencer Lewis hat ein wichtiges Buch verfasst über unser Thema: *The Mystical Life of Jesus,* erstmals erschienen 1929. In diesem Buch behauptet Lewis, dass Jesus nicht am Kreuz gestorben sei. Es ist eine spannende Geschichte: Kurz bevor Jesus am Kreuz seinen Geist aufgibt, kommen einflussreiche Anhänger Jesu, Nikodemus, Mathaeli und Josef von Arimathia mit einem Gnadenerlass des Kaisers zum Kreuz. »Den Geist aufgeben« bedeutet also nicht, dass Jesus bereits gestorben ist, sondern dass er seinen Geist dem Vater zurückgibt. Kurz bevor die römischen Soldaten auch die Beine Jesu brechen wollen (bei den beiden Verbrechern zur Rechten und zur Linken haben sie dies bereits getan), können seine Anhänger ihn vom Kreuz herunterholen. Jesus ist so gut wie tot, als sie ihn in das Grab des Josef von Arimathia bringen. Dort findet der »mystische Tod« Jesu statt. Aber weil er der größte Avatar aller Zeiten ist, ist es ihm ein Leichtes, sich rasch von seinen Verwundungen zu erholen. Dadurch ist er zum größten Eingeweihten aller Zeiten geworden und unterweist in dieser Funktion noch 40 Tage lang seine Schüler. Dass er danach auf den Wolken verschwindet, bedeutet Lewis zufolge nicht, dass er in den Himmel einzieht, sondern dass er ab jetzt im Geheimen wirkt. Er zieht sich zurück in ein Kloster der Großen Weißen Bruderschaft auf dem Berge Karmel. Seine Einweihungsschüler dort bestehen aus Essenern. Die Essener sind seine Anhänger. Die Apostel übrigens auch. Und ja – natürlich gehört auch der AMORC zu der Großen Weißen Bruderschaft Jesu.[64]

Welcher Art diese geheimen Lehren Jesu sind, das wird von Lewis in einem weiteren Buch aus dem Jahre 1937 mit dem Titel *The Secret Doctrines of Jesus* ausgearbeitet. Diese esoterischen Lehren sind Lewis zufolge dem Vatikan bekannt, werden von ihm jedoch immer noch geheim gehalten. Ein Glück nur, dass die alten Dokumente, in welchen diese Geheimnisse aufgezeichnet sind, auch in den Bibliotheken der Großen Weißen Bruderschaft in Tibet, Indien und Ägypten vorhanden sind. Daraus behauptet Lewis zu schöpfen. Und, so sagt er, es ist jetzt an der Zeit, diese Geheimlehre Jesu an die Öffentlichkeit zu tragen – das heißt im Jahre 1937. Dies sei zum Nutzen des Christentums. Der AMORC will damit einen Beitrag zur Zukunft des Christentums liefern: ein edles Bestreben.

Jesus und die Theosophische Gesellschaft

Jesus als »größter Avatar aller Zeiten« ist ein typisch theosophischer Gedanke. So ist es jedoch noch nicht bei der Gründerin der Theosophical Society (TS), Helena Petrowna Blavatsky (1831–1891). Sie konnte mit dem Christentum nicht allzu viel anfangen. Christus kommt in ihrem umfangreichen Gesamtwerk auffallend wenig vor.[65] Für Blavatsky sind alle Geschichten des Neuen Testamentes eine Metapher für die innere Entwicklung, die jeder Eingeweihte durchmachen kann. Der Tod Jesu am Kreuz ist für Blavatsky das Leiden des »höheren Ich«. In ihren esoterischen Lehren aus den Jahren 1890 bis 1891 sagt sie:

> »Der sich reinkarnierende ›Strahl‹ kann, für die praktische Anwendung, in zwei Aspekte aufgeteilt werden: das niedere ›kâmische Ich‹ ist über das Kamaloka verteilt, der ›mâsanische Teil‹ vollendet seinen Zyklus und kehrt zum Höheren Ich zurück. Es ist in Wirklichkeit das Höhere Ich, welches sozusagen gestraft wird und das leidet. Dies ist die wirkliche Kreuzigung des Christos, das allertiefste und auch das allerwichtigste Mysterium des Okkultismus.«[66]

Über die Frage, ob Jesus nun eine reale historische Person gewesen ist oder nicht, lässt Blavatsky sich nicht aus.

Dies ändert sich bei der zweiten Generation führender Theosophen: Annie Besant (1847–1933) und Charles W. Leadbeater (1847–1934). Leadbeater ist ein ehemaliger Priester, es ist also nachvollziehbar, dass er Jesus besondere Aufmerksamkeit schenkt. Er und Besant entwickeln eine theosophische Christologie. Wo für Blavatsky das gesamte Neue Testament im Grunde einen Mythos von der uralten Mysterieneinweihung darstellt, behaupten Besant und Leadbeater, dass Jesus tatsächlich gelebt hat. Und zwar als der größte Avatar aller Zeiten. Und dass er einst wiederkehren wird als der Maitreya Buddha. Das physische Vehikel für den wiederkehrenden Meitreya Buddha sieht Leadbeater im Jahre 1908 am Strand von Adiar (Indien) spielen: Es ist der junge Krishnamurti. Im Geheimen weihen Besant und vor allem Leadbeater den schönen Knaben in die Geheimnisse der Großen Weißen Bruderschaft, die dann ihr Zentrum im Himalaja hat, ein. Besant und Leadbeater gehen noch weiter. Dieser Avatar, das ist Christus. Krishnamurti ist das Gefäß für die Reinkarnation Christi, der wiederkommt. Krishnamurti ist also der wiederkehrende Christus. Viele Theosophen sind entsetzt und wollen von dem ganzen Messias-Getue nichts wissen. So hatte Blavatsky das Ganze nicht gemeint! Spaltungen sind die Folge. Es gibt ein Blavatsky-Lager, es gibt ein Rudolf Steiner-Lager in Deutschland (hierzu gleich mehr) und es gibt viele Theosophen, die sich der Krishnamurti-Bewegung anschließen. Diese Bewegung wird auch als der »Orden des Sterns des Ostens« bezeichnet und trifft sich einmal im Jahr in den Niederlanden im »Kamp Ommen«. In manchen Jahren versammeln sich dort bis zu 3000 Teilnehmer! Doch im Jahr 1928 platzt die Bombe. Krishnamurti selbst widersetzt sich. Er erklärt, dass er keineswegs der neue Christus und außerdem kein Weltenlehrer sei. Ihm zufolge ist dies in unserer modernen Zeit nicht mehr möglich und richtig. Jeder ist sein eigener Lehrer. Besant ist am Boden zerstört. Der »Orden des Sterns des Ostens« wird aufgelöst und Krishnamurti begründet seine eigene Bewegung.

Dies tut auch Rudolf Steiner (1861–1925). Steiner ist seit 1902 Vorsitzender der Deutschen Sektion der Theosophischen Gesellschaft. Er ist überhaupt nicht mit den Krishnamurti-Vorgängen einverstanden. Steiner sagt: Alles gut und recht, Jesus als »größter Avatar« – einverstanden. Natürlich muss das physische Gefäß für den Christus ein ganz besonderer Mensch sein. Aber das ist noch lange nicht dasselbe wie Christus selbst, der Sohn Gottes. Dieser gehört einer völlig anderen Ordnung an. In Jesus kann der Christus Mensch werden, sterben und auferstehen. Fast alle Mitglieder der Deutschen Theosophischen Gesellschaft folgen Steiner und widerrufen in großer Zahl im Jahre 1913 ihre Mitgliedschaft. Die Gründung der Anthroposophischen Gesellschaft ist die Folge.

Der Mensch Jesus in Dan Browns *Sakrileg*

Dass Jesus der Sohn Gottes ist, eines Wesens mit Gott, ist *Sakrileg* zufolge eine Erfindung Kaiser Konstantins während des Konzils von Nizäa im Jahre 325. Dort wurde Jesus »vergöttlicht«, heißt es bei Dan Brown. Vor Nizäa sieht man Jesus als einen »sterblichen Propheten«.[67] Er ist von königlichem Blut aus dem Hause David und er ist mit Maria Magdalena verheiratet, mit welcher er notabene eine Tochter hat. Maria Magdalena und ihre Tochter Sarah fliehen, als dieser Jesus-Mensch am Kreuze stirbt. Für Teabing, den Vertreter dieser Theorie in Dan Browns Roman, ist die Idee eines göttlichen Christus, der am Kreuz stirbt, der größte Betrug der Kirche. Dass Gott Mensch geworden sei, ist eine Erfindung. Jesus ist allerhöchstens ein besonderer prophetischer Eingeweihter. Das ist – dem Roman und vielen modernen Esoterikern zufolge – ein Bestandteil des esoterischen Christentums, wie es zuvor von den gnostischen Christen gelehrt wurde. Aber wir wissen inzwischen, dass die Gnostiker etwas ganz anderes gelehrt haben. Sie sehen gerade in Jesus ein unwesentliches »fleischliches Gefäß« für denjenigen, um den es eigentlich geht: den Erlöser oder Christus, welcher dann nicht durch den Kreuztod hindurchgegangen ist.

Der mythische Jesus in dem Buch *Der heidnische Heiland*

Im Jahre 2004 erschien ein Buch, in dem stark der nicht-gestorbene Erlöser betont wird. Dieses Buch stammt von Tom Harpur und trägt den Titel *Der heidnische Heiland.*[68] In diesem Buch behauptet Harpur, dass Jesus niemals existiert habe und die gesamte Geschichte des Neuen Testamentes als ein Mythos gelesen werden müsse. Alles im Neuen Testament deute auf längst existierende Einweihungsmotive hin, die in sämtlichen vorchristlichen (sprich heidnischen) Kulturen bekannt waren. In den Mysterienstätten des Zoroaster in

Persien, in den ägyptischen Einweihungsstätten, in den griechischen und den römischen. Alle Themen, die dort über die Einweihung berichtet werden, werden von den ersten Christen übernommen. Alles ist nur Plagiat, sagt Harpur,[69] wie schon vor ihm Siegmund Freud.

Harpur ist nicht irgendjemand. Er ist Professor für Exegese des Neuen Testamentes in Toronto, Kanada. Ein früherer Priester. Er müsste es eigentlich wissen, würde man sagen. Und an sich hat er Recht. Auch von Buddha und Zarathustra wird gesagt, dass ihre Mutter Jungfrau war. Der Gott Horus ist der ägyptische Christus. Das Sakrament der Eucharistie soll von den römischen Mithras-Mysterien abgekupfert sein. Nichts Neues unter der Sonne also im frühen Christentum. Und also, so die Schlussfolgerung Harpurs, hat Jesus niemals existiert, und das gesamte Neue Testament ist die Beschreibung eines individuellen Einweihungswegs, den jeder Mensch gehen kann:

> »Die Geschichte Jesu ist in allegorischer Form die Geschichte von uns allen. Als vernunftbegabte Tiere [sic!] sind wir ans Kreuz der Materie [sic!] geschlagen; wir sind Träger des inwendigen Christus und werden eines Tages erweckt werden, um unserer glorreichen Bestimmung bei Gott nachzukommen. Jede Seele ist ans Kreuz geschlagen, solange sie im physischen Leib lebt [sic!] – dies die uralte esoterische Weisheit [sic].«[70]

Ungefähr so sagte es auch Blavatsky. Doch die Kirche hat daraus etwas völlig anderes gemacht. Die Kirche hat uns betrogen, sagt Harpur. Schon 2000 Jahre lang. Aber anders, als es in *Sakrileg* propagiert wird: Bei Dan Brown besteht der Betrug der Kirche darin, dass die Kirche Jesus vergöttlicht hat. Harpur dagegen behauptet das Gegenteil: die Kirche hat uns betrogen, indem sie aus einer Mythe ein historisches Ereignis gemacht hat. Denselben Unterschied finden wir wieder in der Geschichte der Theosophical Society. Tom Harpur steht in der Tradition von Blavatsky, während Dan Browns Geschichte ihre Wurzeln in der Tradition von Besant und Leadbeater hat.

Jesus oder Gott?

Besteht das Geheimnis nun darin, dass Jesus niemals Gott gewesen ist (Brown), oder ist es die Tatsache, dass Jesus niemals Mensch geworden ist (Harpur)? Wie wir gesehen haben, ist dieses Problem so alt wie das Christentum selbst.

Die alten Gnostiker lehren, dass Gott oder der Erlöser niemals Mensch geworden ist. Wir kennen diese Ansicht bereits als Doketismus. Das lehren auch die Katharer im Mittelalter. Und das lehrt auch Blavatsky am Ende des 19. Jahrhunderts. Dagegen behaupten die Arianer, dass Jesus erst nach dem Kreuzestod vergöttlicht wird (siehe Kapitel 5). Ungefähr so denken auch die Nestorianer. Nestorius wird im Jahre 428 Presbyter von Konstantinopel. Er lehrt, dass Christus während des Lebens immer mehr »eines Willens« mit Jesus wird, jedoch nicht eines Wesens. Seine Ideen werden vom Dritten ökumenischen Konzil von Ephesus im Jahre 431 verurteilt, weil Nestorius' Auffassung zu viel Betonung auf den *Menschen* Jesus und weniger – wie man meint – auf dessen Göttlichkeit legt. Nestorius wird nach Antiochien verbannt, doch dies verhindert nicht, dass sich die nestorianische Kirche stark ausbreitet entlang der Seidenstraße nach Osten, bis nach China.[71] Doch dass Jesus niemals Gott geworden sei, auch nicht nach seinem Tod am Kreuz, das ist erst eine Ansicht aus der Mitte des 19. Jahrhunderts. Der erste Theologe, der den Menschen Jesus betont, ist der französische Theologieprofessor Ernest Renan (1823–1892) in seinem Buch *Das Leben Jesu* aus dem Jahre 1863. Renan ist durch Palästina gereist und hat alle Stätten aufgesucht, an denen sich Jesus aufgehalten haben soll. Dies hat ihn beeindruckt: Er lebte sich in den historischen Jesus ein. In seinem Buch kommt er daher zu der Schlussfolgerung, dass Jesus den göttlichen Rang verdient habe, den man ihm zusprach.

> »Jesus hatte weder ein Dogma noch ein System, aber er hatte einen persönlichen festen Entschluss, welcher, an innerlicher

> Kraft jedem anderen geschaffenen Willen überlegen, noch in dieser Stunde die Geschicke der Menschheit leitet.«[72]

Aber der Zuspruch diesen göttlichen Ranges fand erst im 2. Jahrhundert, lange nach dem Tod am Kreuz, statt. Jesus ist für Renan ein sehr besonderer Mensch, der von Gott beschützt und begünstigt wird. Diese Ansicht kostete ihn seinen Lehrstuhl. Erst viel später zeigte sich, dass Renan seiner Zeit in hohem Maß voraus war mit seinen Ideen über Jesus als »besonderen Menschen«. Heute ist dies mehr oder weniger die allgemein akzeptierte Ansicht in der Theologie. Der bereits erwähnte emeritierte Theologieprofessor an der Freien Universität in Amsterdam, H. M. Kuitert, behauptet in einem seiner Bücher, dass Jesus ein Prophet sei, allerdings ein ganz besonderer Prophet, weil Gott in ihm wirksam ist.[73]

Um die Mitte des 19. Jahrhunderts tritt in Deutschland ein anderer Theologieprofessor auf, David Friedrich Strauß (1808–1874). Er behauptet in seinem Buch *Das Leben Jesu,* erschienen 1835, genau das Gegenteil von Renan, auch wenn der Titel seines Buches etwas irreführend ist. Angesichts seines Inhaltes hätte er besser lauten sollen: Der mythische Jesus. Das Neue Testament, so Strauß, handelt nicht vom historischen Jesus, sondern von dem, was Menschen daraus gemacht haben. Die ersten Christen kleben gewissermaßen ihre Vorstellungen über den mythischen (göttlichen) Christus über den historischen Menschen Jesus. Armer Jesus! Strauß widersetzt sich in seiner Zeit gegen den Hype der historischen Jesus-Forschung. Dieser Hype hat seitdem nie mehr aufgehört! Für Strauß bedarf es keines historischen Jesus', um an den mythischen Christus glauben zu können. Strauß trennt damit zum ersten Mal den Sohn Gottes von dem Menschen Jesus. Allerdings genau von der anderen Seite (der Gottseite) her, als es Renan einige Jahrzehnte später tun wird: von der Menschenseite. Diese Spaltung ist seitdem immer existent geblieben.

Geist (der Sohn Gottes) oder Stoff (der Mensch Jesus)?

Seit Mitte des 19. Jahrhunderts sehen wir also, dass die Zweinaturenlehre von zwei Seiten her ›angegriffen‹ wird. Strauß demontiert die alte Formulierung des »einen Wesens« von der mythischen Seite her. Ohne den historischen Jesus kann an den mythischen Christus geglaubt werden. Renan dagegen demontiert sie von der Mensch-Seite her. Bei ihm handelt es sich um den ganz besonderen Ausnahmemenschen Jesus. Renan macht aus Jesus Christus, dem Sohn Gottes, einen *physischen* Menschen. Strauß beschränkt sich auf eine rein *geistige* Interpretation. Dass der Sohn Gottes Mensch werden kann, dass Geist zu Stoff und umgekehrt Stoff (nach dem Kreuzestod) wieder zu Geist werden kann – das lässt sich seit der Mitte des 19. Jahrhunderts offenbar gedanklich nicht mehr fassen.

Auf diese Weise können wir heute auch im so genannten esoterischen Christentum zwei Auffassungen erkennen. Die so genannte Esoterik von Dan Brown in *Sakrileg* zeigt einen rein historischen Ansatz, während Tom Harpur sich ausschließlich auf den Mythos beschränkt. Dass dieser Mythos in dem physischen Jesus Mensch geworden ist, ist aus seiner Sicht ein einziger Betrug seitens der Kirche.

Jesus und Christus in der Anthroposophie

Nur das kirchliche Christentum hat immer weiter den Standpunkt vertreten, dass von *beiden* Formen gesprochen werden muss: Gott und Mensch, Geist und Stoff. Das ist wahre Esoterik. Doch diese kann erst verstanden werden, wenn wir weiter gehen, als die Grenzen des Verstandes reichen. Dies hat die Kirche nicht getan (siehe Kapitel 5) – und dadurch hat sie ihre eigene Esoterik nicht mehr verstanden; alles muss geglaubt werden. An und für sich ist Glauben etwas Schönes, doch heute ist dies nicht mehr ausreichend. Und also wird die Zweinaturenlehre von allen Seiten her angegriffen, ohne dass sich die Kirche ausreichend dagegen zu wehren vermag.

Es gibt eine moderne esoterische Bewegung, in welcher der Akzent gerade auf die Zweinaturenlehre gelegt wird, den Tod am Kreuz und die Auferstehung. Nach Rudolf Steiner, dem Begründer der Anthroposophie, lässt sich die Zweinaturenlehre nur verstehen, wenn man den Verstand zu höheren Erkenntnisfähigkeiten weiterentwickelt. Ohne den kritischen Verstand als solchen zu verlieren, entwirft Steiner einen mystischen Weg, der zur Erkenntnis der geistigen Welt führt. Dort lässt sich durchaus die Einheit der Gegensätze wahrnehmen. Dort ist es überhaupt nicht seltsam, dass Geist und Stoff eins sind und dass Jesus und der Sohn Gottes ebenfalls eines sind. Steiner sagt:

> »Die Christus-Wesenheit, wie nur sich selber fesselnd an den Leib des Jesus von Nazareth, wirkte als überirdische Christus-Wesenheit. Aber immer mehr und mehr machte sie sich ähnlich dem Leibe des Jesus von Nazareth, presste sich, zog sich immer mehr und mehr zusammen in irdische Verhältnisse hinein und machte das mit, dass immer mehr die göttliche Kraft hinschwand. Das alles machte die Christus-Wesenheit durch, indem sie sich dem Leibe des Jesus von Nazareth anähnlichte, eine Entwickelung, die in gewisser Beziehung eine absteigende Entwickelung war. Die Christus-Wesenheit musste fühlen, wie Macht und Kraft des Gottes immer mehr und mehr entwich im Ähnlichwerden dem Leibe des Jesus von Nazareth. Aus dem Gotte wurde nach und nach ein Mensch. Wie jemand, der unter unendlichen Qualen immer mehr und mehr seinen Leib dahinschwinden sieht, so sah schwinden ihren göttlichen Inhalt die Christus-Wesenheit, indem sie immer ähnlicher wurde als ätherische Wesenheit dem irdischen Leibe des Jesus von Nazareth, bis sie diesem so ähnlich geworden war, dass sie Angst fühlen konnte wie ein Mensch. […] In demselben Maße, in dem diese ätherische Christus-Wesenheit immer ähnlicher wurde dem Leibe des Jesus von Nazareth, in demselben Maße wurde der Christus Mensch.«[74]

Nach Steiner sind Menschwerdung, Kreuzestod und Auferstehung die zentralen Ereignisse in der gesamten Welt- und Menschheitsentwicklung überhaupt. Steiner sagt hierzu unter anderem:

> »Dasjenige, was durch das Mysterium von Golgatha geschehen ist, es ist eben dies, dass jenes Wesen, das man vorher nicht hat auf der Erde finden können, das nur außerhalb der Erde gefunden werden konnte ... sich dann selber verkörpert hat in dem Jesus von Nazareth, auf der Erde gelebt hat in dem Jesus von Nazareth, gekreuzigt worden ist, in die Erde gelegt worden ist und im geistigen Leibe seinen eingeweihten Schülern als Auferstandener erschienen ist. Das wirkliche Heruntersteigen des hohen Sonnenwesens von kosmischen Höhen auf die Erde, das ist dasjenige, was sich in dem Mysterium von Golgatha vollzieht.«[75]

Darum kann dieses Ereignis auch nur einmal geschehen sein. Die Wiederkunft des Auferstandenen findet nicht in physischer Form statt, sondern in einem, wie Steiner es nennt, »ätherischen« Körper. Das ist der verherrlichte Auferstehungsleib. Steiner prophezeit am Anfang des 20. Jahrhunderts, dass diese Zeit der Wiederkunft im 20. Jahrhundert anzubrechen beginnt und dass die Anthroposophie ferner unter anderem die Aufgabe hat, diese Wiederkunft vorzubereiten. Es erweist sich, dass Rudolf Steiner sich mit dieser Christologie in größerer Nähe zum alten Credo befindet als die zeitgenössische Theologie. Dies ist auch der Grund, warum Steiner im Jahre 1913 einen definitiven Bruch mit der Theosophischen Gesellschaft herbeiführt, in welcher etwas ganz anderes gelehrt wurde, wie wir bereits sahen. Die Anthroposophie ist daher keine Theosophie, sondern eine Form des esoterischen Christentums.

Zusammenfassung

Durch die gesamte Geschichte des Christentums zieht sich die Frage der Zweinaturenlehre. Immer wieder neigt man zur einen oder anderen Seite: Ist Christus Mensch und durch den Kreuzestod vergöttlicht worden? Nein, er ist der Sohn Gottes bzw. selbst Gott und ist Mensch geworden. Nur das kirchliche Christentum hat immer an dem Standpunkt festgehalten, dass es sich hier um beides handelt: Gott und Mensch. Diesen echten esoterischen Ansatz kann man erst verstehen, wenn die Grenzen des Verstandes überwunden werden, was die Kirche nicht tut. Sie hat sich lieber auf den Standpunkt zurückgezogen, alles müsse geglaubt werden. Gegen die daraus resultierenden Angriffe auf die Zweinaturenlehre vermag die Kirche sich allerdings nicht adäquat zu wehren. Interessanterweise hält die Anthroposophie Rudolf Steiners in unverkürzter Form an der Zweinaturenlehre fest. Diese kann durchaus verstanden werden, wenn der Verstand zu höheren Erkenntnisfähigkeiten entwickelt wird.

KAPITEL 7

Durch Sex zur Gnosis?

> »Die Kirche hat den Templerorden beschuldigt, Geheimrituale zu vollziehen, bei denen die Skulptur eines steinernen Kopfes verehrt wurde. Der Kopf des heidnischen Gottes … Baphomet.« – Langdon erläuterte Sophie, dass Baphomet ein heidnischer Fruchtbarkeitsgott war, dem die schöpferische Kraft der Reproduktion zugeschrieben wurde … Im Baphometkult wurde das schöpferische Geheimnis der geschlechtlichen Vereinigung verehrt …
>
> Dan Brown, *Sakrileg,* S. 333

Sexuelle Riten bei den Kanaanitern, Christen, Gnostikern und Manichäern

Im Alten Testament findet sich eine Geschichte über die Kanaaniter, die angeblich sexuelle Riten pflegen sollten. Jedenfalls sahen es die Juden so. Im *Buch der Weisheit* Salomos finden wir folgende Stelle:

> »Denn als Du den früheren Bewohnern Deines heiligen Landes Feind warst, weil sie die widerwärtigsten Dinge trieben, Zauberei und gottlose Weihen, wolltest Du durch die Hände unserer Väter vertilgen, die unbarmherzige Mörder ihrer Kinder waren und die sich zu Opfermahlen von Menschenfleisch zusammentaten und die sich mit Blut weihten in einer Opfergemeinde und die als Eltern ihre hilflosen Kinder mit eigener Hand töteten, damit das Land, das Dir von allen das liebste ist, als würdige Bewohner die Kinder Gottes aufnehmen könnte.«[76]

Auch die Christen betrieben, so die Römer, sexuelle Riten.

> »Sie rekrutieren aus dem Abschaum des Volks Dummköpfe und gutgläubige Frauen, die schon aufgrund ihres Geschlechtes labil und leicht zu beeinflussen sind. Sie ziehen das Volk in eine gottlose Verschwörung hinein, die mittels nächtlicher Zusammenkünfte, regelmäßiger Fastentage und menschenunwürdiger Nahrung sich nicht durch eine Zeremonie, sondern durch regelrechte Verbrechen vereint, ein Völkchen, das nachts aktiv ist und das Tageslicht scheut, das in der Öffentlichkeit schweigt, doch in dunklen Gassen viel tuschelt [...] Diese Verschwörung muss mit Stumpf und Stiel ausgerottet und verflucht werden. Sie erkennen einander durch geheime Zeichen und Signale, und sie haben miteinander Gemeinschaft, noch bevor sie einander richtig kennen gelernt haben. Sie nehmen miteinander ohne Ansehen der Person teil an einer Art von Kultus der Lüste und nennen einander Brüder und Schwestern [...] Andere behaupten, dass sie die Geschlechtsteile ihrer Hohepriester und Priester anbeten und dass sie diese als die ihres Vaters verehrten [...] Ein Kind wird mit Mehl bedeckt, um die nichts Argwöhnenden irrezuführen [...] Dies Kind wird von Neophyten in aller Unschuld getötet [...] Das Blut des Kindes [...] lecken sie gierig auf. Sie rangeln miteinander um die Gliedmaßen des Kindes [...] Diese Riten sind abscheulicher als sämtliche Heiligenschändungen.«[77]

So denken die Römer über die frühen Christen. Das ist verständlich. Denn verehren sie nicht, jedenfalls aus Sicht der Römer, einen Toten und trinken sie nicht das Blut und essen sie nicht seinen Leib? Der reinste Kannibalismus!

Doch den späteren Kirchenchristen zufolge sind es vielmehr die ketzerischen gnostischen Christen, die angeblich sexuelle Riten betreiben. In seinem *Panarion* (»Medizinschränkchen«) schreibt Bischof Epiphanius von Salamis (315–403), dass die Mitglieder

der gnostischen Sekten einander durch geheime Zeichen erkennen, während ihrer Liturgie menschliches Fleisch verzehren und dass sie es miteinander treiben:

> »Obwohl sie Geschlechtsgemeinschaft miteinander haben, verbieten sie es sich, Kinder zu bekommen. Sie sind also begierig auf die Tat der Verdorbenheit und nicht danach, Kinder zu zeugen – einfach so zum Vergnügen … Und wenn sie damit fertig sind, essen sie den Samen ihrer Unreinheit … Aber wenn eine Frau dann doch schwanger wird …, treiben sie den Fötus ab … Dann nehmen sie den abgetriebenen Fötus und zermahlen diesen in einem Mörser mit einem Stampfer, vermischen den Fötus daraufhin mit Honig und Pfeffer und anderen Kräutern und süßen Ölen … Dann kosten alle Mitglieder dieser verdorbenen Sekte eine Messerspitze davon.«[78]

Es wird eine eintönige Geschichte. Aber Augustinus zufolge (354–430) sind es die christlichen Manichäer, die sexuelle Riten ausüben. Dies jedenfalls schreibt er in *De Heresibus* (»Über die Ketzer«). Die Geschichte ist wieder dieselbe, es wird Sperma benutzt für eine Art heiliger Mahlzeit und noch mehr derartige Dinge.[79]

Ketzer und Katharer im Mittelalter betreiben sexuelle Riten

Im Mittelalter lebt man fröhlich auf diesem Fuße weiter. Aber dann ist es – selbstverständlich – nur noch die Kirche, die jetzt vom Leder zieht gegen allerlei Ketzer, die besonders schlimme Dinge betreiben. So gibt es den Bericht des Mönchs Adamar de Chabannes (998–1034), der über die Ketzer in Orléans im Jahre 1022 schreibt. Er nennt diese Ketzer Manichäer, doch das sind sie nicht. Es sind fromme Kirchenreformer, die päpstlicher sind als der Papst und viele Missstände in der Kirche an den Pranger stellen. Sie werfen der

Kirche vor, sie lebe nicht mehr nach der Lehre Jesu. Bischöfe und Äbte sind fett, reich und leben nicht mehr zölibatär. Darauf erfolgt Protest. Die Vorwürfe werden von den leitenden Figuren der Kirche als Bedrohung gesehen, und darum sind diese frommen Laien rasch als Manichäer, die Erzketzer schlechthin, abgestempelt. Das hat Adamar de Chabannes in *De Heresibus* von Augustinus gelesen. Die Werke des Augustinus stehen in der Bibliothek seines Klosters Saint Cybard in Angoulême. Adamar zufolge sind die Ketzer in Orléans zu Manichäern gemacht worden durch »einen Bauern aus Perigord, der behauptet, dass er Wunder tun kann und der die Asche toter Kinder bei sich trägt«. Diese Ketzer »verehren den Teufel ... und praktizieren im Geheimen Abscheulichkeiten und Verbrechen, die so schlimm sind, dass darüber nicht gesprochen werden kann«.[80]

Dieser Mönche zügelt sich noch. Bei einem Abt des Klosters zu Nogent, Guibert de Nogent (1053–1124) ist es anders: Er schreibt über Ketzer – die er auch als Manichäer bezeichnet – in Soissons um 1114. Wir lesen da:

> »Sie halten Zusammenkünfte in Kellern und geheimen Orten ab, Männer und Frauen freizügig miteinander. Wenn erst die Kerzen angezündet sind, geben sich leichte Frauen mit entblößtem Gesäß – so dass es jeder ungehindert sehen kann – einer gewissen Person hin, die hinter ihnen liegt. Sofort werden die Kerzen gelöscht und alle rufen ›Chaos‹ und jeder treibt es mit jedem, der dort vorhanden ist. Und wenn es dann geschieht, dass eine Frau ein Kind bekommt, wird das Kind, sobald es geboren ist, zu demselben Ort zurückgebracht. Ein großes Feuer wird entfacht und das Kind wird von Hand zu Hand durch das Feuer geworfen von allen, die um es herumsitzen, bis es tot ist. Aus der Asche bereiten sie dann Brot zu, woraus ein Brei wie ein Sakrament einem jeglichen gereicht wird. Wenn dieser einmal gegessen ist, kommt es nur noch selten vor, dass jemand wieder zu Verstand kommt und diese Ketzerei hinter sich lässt.«[81]

Um 1182 schreibt Walter Map – der bereits erwähnte Autor der Gralsgeschichte über Artus, Galahad, Lancelot und Guinevere – über die Publikaner oder Pathariner in Aquitanien und Burgund. Dies sind die Katharer. Die Mitglieder dieser »alten Ketzerei« kommen nachts in ihren Synagogen zusammen. Dies bezieht sich nicht notwendigerweise auf Juden: Das Wort Synagoge wird durchaus häufiger verwendet, um die Zusammenkünfte von Ketzern zu beschreiben. Wenn alle Türen, Fenster und andere Öffnungen verschlossen sind, sitzt die Gruppe beieinander und wartet auf die Erscheinung einer schwarzen Katze, die enorme Ausmaße haben soll. Wenn sie im Dunkel die Katze gefunden haben, küssen sie sie und beten sie an. Danach greift sich jeder den Mann oder die Frau, die neben ihm sitzt, und sie haben Gemeinschaft miteinander, bis jeder vollkommen befriedigt ist.[82]

Lange bevor die Templer derartiger Praktiken beschuldigt werden, ist also bereits ein ganzes Korpus entstanden voller Fantasien über »die anderen«. In den Inquisitionsakten über die Bekenntnisse der Templer finden wir genau dieselben Vorwürfe.

Die Templer

Auch die Templer werden beschuldigt, sexuelle Riten zu betreiben. Dies geben sie übrigens, so wollen es jedenfalls die Inquisitionsprotokolle suggerieren, selbst zu. Doch dies geschah unter dem Zwang von Martern, die es in sich hatten. Vielleicht ist dies das erste Mal, dass eine Gruppe, die übler sexueller Praktiken beschuldigt wird, dies selbst zugibt. Alle früheren Berichte wurden ja von den Gegnern verfasst. Nun gibt es eine Gruppe, die es selbst bezeugt. Allerdings: aufgezeichnet von der Inquisition.

Genau wie bei den Katharern und dem Gral ist auch die moderne Literatur über die Templer von einem Nimbus esoterischer Romantik umgeben. Auch sie sollen zu den Gralshütern gehören. Der Templerorden wird im Jahre 1119 begründet mit dem Ziel, die Pilger auf ihrer Reise in das Heilige Land zu beschützen. In den mittelalterlichen Quellen wird ein gewisser Hugo von Payens als Stifter des Ordens genannt. Hugo ist ein adliger Herr aus der Champagne, nur etwa 30 Kilometer von der Stadt Troyes entfernt. Aus Troyes kommt, wir erinnern uns, Chrétien de Troyes, der den ersten Gralsroman verfasst hat. Die Familie von Hugo de Payens ist mit der Familie des Bernhard von Clairvaux liiert. Hugo ist sogar mit Bernhard befreundet. Die Mystik, die Gralsliteratur und die Idee des Tempelrittertums können also durchaus aus einem gemeinsamen Milieu hervorgegangen sein. Der Zisterziensermönch Bernhard schreckt nicht einmal vor einem heiligen Krieg gegen die Mohammedaner zurück; er ist ein großer Befürworter des zweiten Kreuzzugs. Daher überrascht es auch nicht, dass Bernhard sich während des Konzils von Troyes im Jahre 1125 für die Sache der Tempelritter stark macht. Während des Konzils wird der Orden offiziell begründet und erhält eine Ordensregel. Dabei spielt Bernhard eine wichtige Rolle. Dies tut er in seinem Traktat *De Laude novae Militiae* (»Ein Lobgesang auf das neue Rittertum«). Darin entwickelt Bernhard das Konzept eines Ritter-Mönchtums. Er beschließt seinen Traktat mit den Worten:

> »Ich weiß nicht, ob ich sie Mönche oder Ritter nennen soll. Und wie könnte ich sie besser charakterisieren als mit diesen beiden Namen zugleich, jene Männer, denen es weder an Zartheit des Mönchs noch an Bravour des Ritters mangelt.«[83]

Die Templer sind also sowohl Ritter als auch Mönche. Sie halten sich an dieselben Regeln wie die Mönche. Der neue Orden kämpft an zwei Fronten zugleich, sagt Bernhard. Mit markanten Worten wird dieser Kampf an zwei Fronten durch den Karthäuserabt Guigo formuliert. Er schreibt im Jahre 1128 einen Brief an Hugo von Payens. Darin sagt er:

> »Es ist doch sinnlos, äußere Feinde anzugreifen, wenn man nicht zuerst seine inneren Feinde gezähmt hat [...] Lasst uns

> zuerst unseren eigenen Kampf bestehen. Erst dann können wir in aller Ruhe unsere Feinde in der Außenwelt bekämpfen. Erst müssen wir unsere Seelen von ihren Untugenden reinigen und danach können wir die Erde von den Barbaren säubern.«[84]

Genau wie die Gralsritter in der Gralsliteratur einige Jahrzehnte später, wird auch von den *Militia Christi,* den Rittern Christi, erwartet, dass sie zölibatär leben. Daher ist es auch merkwürdig, dass sie bei ihren Folterungen im Jahr 1307 von der Inquisition des Gegenteils bezichtigt werden. Und noch merkwürdiger ist es, dass in *Sakrileg* behauptet wird, die Templer hätten sexuelle Riten betrieben. Dan Brown stützt sich hierbei nämlich auf die Inquisitionsprotokolle, die offenbar plötzlich als glaubwürdige Quellen behandelt werden, obwohl Brown ansonsten die Inquisition gehörig niedermacht. Aber dies nur am Rande.

Was geschieht nun genau während der Templerverfolgung 1308, fast zwei Jahrhunderte nach der Begründung des Ordens? Bereits 1305 zirkulieren Geschichten über Ketzerei, Götzendienst und Sodomie unter den Templern. Der Papst glaubt es nicht. Er plant, selbst eine Untersuchung durchzuführen, um die Templer freizusprechen. Aber dann greift der König von Frankreich, Philipp der Schöne, ein. Am 14. September 1308 erteilt er den Auftrag, alle Templer in Frankreich zu inhaftieren und ihre Güter einzuziehen. Der Papst ist betrübt über dieses Überrumpelungsmanöver und unternimmt einen Versuch, die Initiative an sich zu ziehen, indem er selbst Inhaftierungen verfügt. Möglicherweise dachte er, dass die Templer bei den kirchlichen Gerichten besser aufgehoben seien als bei der weltlichen Gerichtsbarkeit Philipps. Doch die Folge seiner Aktion ist, dass die Templer in der gesamten christlichen Welt gefangen genommen werden. Auffallend dabei ist, dass die Ordensbrüder sich kaum wehren. Es gibt auch bald kein Zurück mehr, denn Philipp kommt schon bald nach den Inhaftierungen mit seinen berühmten, angeblich unwiderlegbaren »Bekenntnissen«, die die gefolterten Templer selbst abgelegt haben sollen.

Die Templer betreiben angeblich sexuelle Riten

Die »Bekenntnisse« der Templer laufen auf Folgendes hinaus: Sie verleugnen Christus und speien und urinieren auf sein Kreuz; sie beten Götzenbilder an – vor allem eine Katze mit dem Namen Baphomet, die sie angeblich auf den Anus küssen; sie glauben nicht an die Sakramente der Kirche; sie verleihen Absolution, während sie gar nicht geweiht sind; sie praktizieren Sexualriten und Homosexualität. Unter dem Druck der Folter bekennt selbst der Großmeister des Ordens, Jacques de Molay. In einem Inquisitionsprotokoll vom 24. Oktober 1307 lesen wir Folgendes:

> »Er sagte auch unter Eid [...], er, der ihn [d.h. damals, beim Eintritt in den Orden] aufnahm, ließ ein bronzenes Kruzifix bringen, auf dem das Bild Christi war, und er sagte und schrieb ihm vor, den Christus zu leugnen [...]
> Gefragt, ob er sich erinnerte, dass, als er den Eid der Keuschheit ablegte, man ihm sagte, er solle sich fleischlich mit seinen Brüdern vereinigen, sagte er unter Eid, dass nein und dass er es nie getan [...] Er sagte jedoch unter Eid, wenn er Brüder aufgenommen habe, sagte er einigen seiner Assistenten, die Neuaufgenommenen zur Seite zu nehmen und sie machen zu lassen, was sie sollten.«[85]

In den Inquisitionsprotokollen ist ständig die Rede von Homosexualität. Die Brüder betrieben angeblich Geschlechtsverkehr miteinander. Von Frauen scheint kaum die Rede zu sein. Von einer *hieros gamos,* der heiligen Gemeinschaft zwischen Templern und Frauen, wird nicht gesprochen. Das geht jedenfalls nicht aus den Inquisitionsprotokollen hervor, auf welche sich Dan Brown stützt. Und es ist nicht der Papst, sondern der König von Frankreich, der den Orden vernichtet!

Die meisten Templer ziehen ihre Bekenntnisse nach einiger Zeit wieder zurück. Doch dies nützt nichts mehr, die Würfel sind gefallen, es gibt diese Bekenntnisse und sie können nicht mehr zurückgenommen werden. Und wer nicht gegen die Templer ist – wie zum Beispiel der Papst –, der ist, so sieht es jedenfalls König Philipp, *für* sie und somit selbst verdächtig.

Ordo Templi Orientis

Dan Brown muss sich um etwa 700 Jahre in der Zeit geirrt haben. Nicht die Templer betrieben Sexualriten, sondern der Ordo Templi Orientis (OTO). Und nicht im Jahre 1300, sondern um 1900 in Deutschland und später in England. Der OTO wurde von Theodor Reuß (1855–1923), William W. Westcott (1848–1925) und John Yarker (1833–1913) begründet. Im OTO wollen sie ganz besonders geheime (okkulte) irreguläre Freimaurerrituale entwerfen und praktizieren. Das Ganze ist eine höchst komplizierte Geschichte. Anfänglich funktioniert der OTO als ein System geheimer Grade innerhalb des Memphis- und Mizraim-Ordens der Freimaurer, dessen Großmeister Rudolf Steiner in Deutschland zwischen 1906 und 1914 war. Doch bereits im Jahre 1907 distanziert Steiner sich nachdrücklich von Yarker und Reuß. Er berichtet darüber in seiner Autobiografie *Mein Lebensgang.* Das ist auch gut so, denn in dieser Zeit beginnen die Gerüchte aufzukommen, dass Reuß Sexualmagie betreibe. Darum sei er nach England geflüchtet. In London begegnet Reuß Aleister Crowley (1875–1947), der häufig als der Großmeister der Sexualmagie bezeichnet wird. Reuß und Crowley begründen in London einen selbstständigen OTO. Dieser OTO ist bekannt geworden als die Genossenschaft, in welcher öffentlich Sexualmagie betrieben wurde. Crowley nennt sich sogar selbst Baphomet. Und Baphomet schreibt Bücher über diese Sexualpraktiken! Das Resultat dieses »magischen Sex'« ist schließlich, dass ein »magisch-astrales Wesen« geschaffen wird. Crowley bezeichnet dieses Wesen als »Phantom«, das nach einiger Zeit wieder vernichtet werden muss.

Inzwischen scheint es mir deutlich zu sein, woher Dan Brown die Idee der magischen Sexualpraktiken bezogen hat! Nicht von den Templern, sondern von Crowley! Und der OTO hat überhaupt, aber auch rein gar nichts mit den Templern des Mittelalters zu tun, auch wenn der Name so etwas nahezulegen scheint.

Zusammenfassung

Die Berichte über üble Sexualmagie im Altertum werden meistens von ›den anderen‹ verbreitet. Die Juden beschuldigen die Kanaaniter, die Römer die Christen, die (Kirchen-)Christen die Gnostiker und die Manichäer. Im Mittelalter wird dieser Pfad munter weiter beschritten: Alle Ketzer tun angeblich so etwas. Und so auch die Templer. Sie bekennen dies unter dem Druck der Inquisition und deren Folter, aber ziehen ihre Bekenntnisse sofort wieder zurück. Erst um 1900 tritt eine Genossenschaft auf, die öffentlich über Sexualriten schreibt: der OTO Aleister Crowleys. Stützt Dan Brown sich darauf?!

KAPITEL 8

Tempeljungfrauen und der *motus inordinatus*

In den alten vorchristlichen Mysterienschulen war die Sexualität immer in einen religiösen Kontext eingebettet. Und in einen astrologisch-astronomischen Kontext. Nur bei ganz bestimmten Sternenständen wird für Nachkommen gesorgt. Dies waren dann nicht irgendwelche ›einfachen‹ Nachkommen, sondern »heilige Kinder«. Die so genannte *hieros gamos*, von der Dan Brown spricht, dient wahrscheinlich eher diesem Ziel als der sexuell-mystischen Vereinigung mit dem Göttlichen. Der Kirchenvater Augustinus spricht noch voller Bewunderung über die römischen vestalischen Jungfrauen. Er berichtet, wie sie als Reaktion auf eine Anklage ein Sieb nahmen, es mit Wasser aus dem Tiber füllten und zum Kläger trugen. Wer half ihnen, das Wasser nicht durch die Löcher fließen zu lassen? Die Antwort: eine gute oder eine böse Macht.[86] An anderer Stelle erzählt er, dass sogar die Römer in primitiveren Zeiten die vestalischen Jungfrauen lebendig begruben, wenn sie des Ehebruchs überführt waren. Wogegen die weniger angesehenen Frauen niemals mit dem Tode bestraft worden seien, und so verteidigten sie die Werte, die sie als göttlich betrachteten, mit mehr Nachdruck als die menschlichen.[87]

Als Jungfrau können die Vestalinnen Prophezeiungen aussprechen. Dann spricht offenbar das Göttliche durch sie, und die Wirkung Gottes hört auf, sobald sie keine Jungfrauen mehr sind. Darum wachen die Römer darüber, dass sie tatsächlich unberührt bleiben. Auch die Tempelpriester selbst leben zölibatär. Das wissen wir zum Beispiel aus den Isis-Mysterien des späten Altertums. In seinem Werk *Der goldene Esel* beschreibt der römische Dichter Apuleius (zweite Hälfte 2. Jahrhundert), wie sein Held Lucius, den die erzürnten Götter in einen Esel verwandelt haben, schließlich eingeweiht wird. Bei der Vorbereitung auf das Einweihungsritual schildert er, dass er sich gewissenhaft darüber informiert habe, wie streng die Enthaltsamkeit von jeglichem Sinnengenuss sei.[88]

Die Juden kennen ebenfalls jungfräuliche Tempelpriesterinnen. Auch Maria soll eine von ihnen gewesen sein. Jedenfalls der apokryphen Schrift zufolge, die den Titel *Die Geburt der Maria* trägt und auch unter dem Namen *Protoevangelium des Jakobus* bekannt wurde. Diese Schrift ist bereits in der Mitte des 2. Jahrhunderts n.Chr. bekannt und während des gesamten Mittelalters äußerst populär. Sie handelt von der Geburt der Maria, ihrer Jugend, ihrer Heirat mit Josef und der Geburt Jesu. Als Maria drei Jahre alt ist, wird sie durch ihre Eltern Joachim und Anna in den Tempel zur Erziehung gegeben. Dort angekommen ruft Joachim:

> »Ruft die jüdischen Mädchen herein, die noch rein sind. Jede von ihnen soll eine brennende Fackel tragen, damit Maria unterwegs nicht wieder umkehren will und ihr Herz nicht vom Tempel weggelockt wird.«[89]

Es gibt also »reine Töchter«. Die dreijährige Maria tanzt auf der Tempeltreppe, womit sie die Herzen des ganzen Volkes Israel gewinnt. Im Tempel wird Maria von einem Engel mit Nahrung versorgt. Als sie 12 Jahre alt ist, wird von der Priesterschaft ein Witwer für sie als Gemahl ausgesucht. Dies ist Joseph. Aus seinem Stab kommt eine Taube hervor. Das bedeutet, dass Gott ihn auserkoren hat, die Jungfrau in seine Obhut zu nehmen. Doch es wird ihm ausdrücklich verboten, mit ihr Gemeinschaft zu haben. »Sie behüten«, so steht es da jedes Mal. Maria zieht bei Josef (und seinen Söhnen) ein. Nach einer gewissen Zeit geht Joseph auf Reisen, um nach seinen Baustellen zu sehen. Während seiner Abwesenheit arbeitet Maria als eine der »Jungfrauen aus dem Stamme David« an einem neuen Vorhang für den Tempel. Sechs Monate bleibt Joseph fort, und in dieser Zeit wird Maria schwanger von Gott:

> »Soll ich durch den Herrn, den lebendigen Gott, schwanger werden und dann gebären wie jede andere Frau?«

Jetzt ist sie 16 und verbirgt sich aus Scham vor den Israeliten bei ihrer Verwandten Elisabeth. Als Joseph wiederkommt, ist er entsetzt und rauft sich die Haare. Wer hat sie geschwängert? Er ruft aus:

> »Wie kann ich zum Herrn, meinem Gott, aufblicken? Wie soll ich Gott im Gebet um Rat fragen wegen dieses Mädchens? Denn ich habe sie aus dem Tempel des Herrn, meines Gottes, als Jungfrau empfangen, und ich habe nicht auf sie aufgepasst. Wer hat mich hintergangen? Wer hat diesen Frevel in meinem Hause begangen und die Jungfrau geschändet?«

Es ist deutlich, dass es nicht Joseph war, der sie geschwängert hat. Dieser weiß sich keinen Rat mehr, doch zum Glück berichtet ihm ein Engel im Traum, dass Maria schwanger ist vom Heiligen Geist. Die Priesterschaft ist in heller Aufregung und wirft Joseph vor, er habe sie geschwängert. Josef und Maria werden herbeizitiert, um sich zu verantworten. Ein Priester spricht:

> »Maria, warum hast du dies getan? Warum hast du dich so erniedrigt und den Herrn, deinen Gott, vergessen? Du bist doch im Allerheiligsten aufgezogen worden und hast deine Nahrung aus der Hand eines Engels empfangen! Du hast die heiligen Gesänge gehört und vor Gott getanzt. Warum hast du das getan?«

Maria hätte also Jungfrau bleiben müssen, auch wenn sie unter die Obhut Josephs gestellt wurde. Sie steht noch immer im Dienste des Tempels, wo sie auch getanzt hat.

Josef und Maria behaupten weiter, sie seien unschuldig. So werden sie von den Priestern auf die Probe gestellt. Sie müssen »das Wasser trinken, das der Herr zur Prüfung angeordnet hat«, und werden daraufhin ins Gebirge geschickt. Doch sie kehren wohlbehalten zurück. Alle wundern sich und schlussfolgern dann: Sie haben nicht gesündigt, sie können nach Hause zurückkehren. Einige Zeit später wird Jesus geboren.

Was können wir aus dieser Geschichte folgern? Auf jeden Fall, dass nicht Joseph Maria geschwängert hat. Eine jungfräuliche Tempelpriesterin wird schwanger vom Heiligen Geist! Sie ist im Allerheiligsten erzogen worden. Dort wohnt Gott. Gott hat sie schwanger gemacht. Die »Kraft des Herrn wird dich überschatten«, steht da. Ihr Sohn ist »der Sohn des Allerhöchsten«. Es liegt auf der Hand, dass sie auf natürliche Weise schwanger geworden sein muss. Wäre dies nicht der Fall gewesen, hätte Jesus nicht seine menschliche Natur gehabt. Wer sie im physischen Sinne geschwängert hat, verrät der Text nicht. Doch dass es in einem Tempelzusammenhang geschehen sein muss, wird deutlich. »Jungfräulich« bedeutet dann, dass sich der Vorgang nach dem Geiste vollzogen hat und nicht nach dem Fleische, d.h. nicht von Begierden gesteuert. Es ist keinerlei Wollust dabei im Spiel gewesen. So wird Jesus ein »Sohn Gottes«. Denn so werden die heiligen Männer, die auf diese Weise gezeugt wurden, im Altertum stets bezeichnet. Mit anderen Worten: Damals liefen einige »Söhne Gottes« herum. Von ihnen wusste man: Sie kommen aus dem Tempel.

Die Angst vor der »ungeordneten Bewegung«

In derselben Zeit, in der dieses apokryphe Evangelium über die Geburt Marias entstand, entweicht der Geist der Wollust aus der Tempelflasche. Die von Priestern gesteuerte Fortpflanzung im Tempel mit dem Ziel, »Söhne Gottes« hervorzubringen, wird profanisiert. Auch die römischen Kaiser beginnen sich als »Sohn Gottes« zu bezeichnen, als Gott selbst. Es gibt eine Inschrift aus Ancyra in Kleinasien aus dem Jahre 9 v.Chr., in welcher Kaiser Augustus (er war Kaiser von 27 v.Chr. bis 14 n.Chr.) als »Heiland« und Gott besungen wird.

Die sexuellen Tempelpraktiken werden dekadent. Wir brauchen nur an Kaiser wie Caligula (von 37–41 n.Chr.) und Nero (von 54–68 n.Chr.) zu denken. Sie lassen sich ohne jegliche Vorbereitung in die verschiedenen Tempelmysterien einweihen und sind berüchtigt und berühmt für ihre sexuellen Ausschweifungen. Es ist genau dieses Dekadentwerden der Sexualität, gegen das sich die christliche Kirche zu wehren versucht, indem sie sich bemüht, die Sexualität noch immer in einem priesterlichen Zusammenhang zu halten. Wie Paulus es sagt: nicht nach dem Fleisch, sondern nach dem Geist. So finden wir Gott: indem wir nach dem Geiste leben. Und darum müssen heilige Männer zölibatär leben. Das ist im Altertum normal.

Warum ist das so? Weil man Angst hat vor dem *motus inordinatus,* der »ungeordneten Bewegung des Fleisches«. Dieser Begriff stammt von dem Kirchenvater Augustinus. Doch er spricht, wenn er ihn verwendet, von den Manichäern (siehe Kapitel 1). Diese lehren nämlich, dass es im Urbeginn zwei Prinzipien gab: Gott und *hyle,* oder Gott und *chaos. Hyle* charakterisiert sich durch den *motus inordinatus.* Von ihm her stammt letztlich auch die ungeordnete Bewegung der sexuellen Begierde. Den Ursprung dieser ungeordneten sexuellen Begierde siedeln die Manichäer also im Urbeginn göttlicher Höhen an, und sie ist ein Feind Gottes.[90] Dagegen protestiert Augustus, als er die Lehre von der Erbsünde entwirft. Er sagt: Das Böse lässt sich nicht im kosmischen Urbeginn finden, sondern im Menschen. Es begann bei Adam und Eva. Sie erkannten einander aufgrund der »ungeordneten Bewegung«. Die wurde ihnen vom Teufel eingeflüstert. »Da begann das Fleisch gegen den Geist aufzubegehren«, sagt Augustinus.[91] Als Adam und Eva sündigten, »erfuhren sie eine zuvor nie gekannte Bewegung ihres ungehorsamen Fleisches«, weil die Seele – welche ungehorsam war – vom Körper getrennt wurde, wodurch das Fleisch eine Eigenbewegung annahm: eine ungeordnete Bewegung, eben den *motus inordinatus.* Das ist die Quelle der christlichen Abwendung von »dem Fleische«, vom Körper. Unser Körper ist etwas uns Feindliches.

Es gibt also eigentlich am Beginn des christlichen Zeitalters zwei wesentliche Entwicklungen in Bezug auf die Sexualität:

1. Die Sexualität beginnt sich aus dem priesterlichen Kontext zu lösen; jedenfalls insofern es die Eingeweihten sowie die Priester und Priesterinnen selbst betrifft;
2. die Ursache der sexuellen Begierde wird von Augustinus in den Menschen selbst verlagert und ist nicht mehr, wie bei den Manichäern, im kosmischen Urbeginn enthalten.

Der Mensch ist selbst Ursache der sexuellen Begierde, und die Sexualität löst sich aus dem religiös-rituellen Kontext. Die Kirche zieht daraufhin folgende Schlussfolgerung: Das kann der Mensch noch nicht beherrschen, er ist noch nicht reif dafür! Die Folge ist: Zölibat für die Priester. Die geistigen Führer der Menschen müssen nach dem Geiste leben, und dies beinhaltet, dass sie zölibatär leben müssen. Für das Kirchenvolk bedeutet dies: Sexualität dient lediglich der Fortpflanzung. Der *motus inordinatus,* die sexuelle Begierde, darf auf keinen Fall eine Rolle spielen. Dies ist »sündig«, so hat es uns die Kirche immer vorgehalten. Die Kirche hatte immer Angst davor, dass die sexuelle Begierde die Menschen überwältigen könnte, dass wir allen möglichen Einflüssen anheim fallen. Und dies mit Recht. Man betrachte nur einmal das Programm gewisser Fernsehsender. Könnte es nicht so sein, dass die historische Aufgabe der Kirche auch darin bestand, uns davor zu beschützen? Jedenfalls uns ein moralisches ›Gegengewicht‹ zu liefern? Dass die Kirche die Möglichkeit schuf, innerlich zu reifen – wenn ich es so ausdrücken darf –, unser Ich erst heranwachsen zu lassen, so dass wir auf Dauer als Menschen die Möglichkeit haben, selbst die sexuelle Begierde zu beherrschen. »Auf Dauer« ist allerdings heute! Unser Ich ist wahrhaftig inzwischen doch reif genug, sollte man meinen. Und so ist es Zeit, dass die Kirche endlich eine andere Lehre und Haltung in Bezug auf den *motus inordinatus* entwirft. Doch ich kann noch nicht erkennen, dass sich Derartiges innerhalb der Kirche bereits abzeichnet.

Zusammenfassung

Die Kirche hatte durch die gesamte Geschichte des Christentums hindurch immer Angst vor dem *motus inordinatus.* Die menschliche Begierde ist die Ursache der Vertreibung aus dem Paradies. Der Mensch, der nach dem Fleische und nicht nach dem Geist lebt, wird Gott niemals finden. Dies wusste man bereits in den Mysterientempeln. Daher das Zölibat. Am Beginn unserer christlichen Zeitrechnung werden die Mysterien dekadent. Und damit auch die Sexualität. Orgien sind die Folge. Dem will die Kirche gegensteuern, und deswegen vertritt sie das Prinzip eines strengen Zölibats. Zumindest für diejenigen, die Gott suchen. Dies können sowohl Männer (Priester und Mönche) als auch Frauen (Nonnen) sein.

KAPITEL 9

Ist die Kirche frauenfeindlich?

»Die *Prieure* ist überzeugt, dass Kaiser Konstantin und seine männlichen Nachfolger den Übergang der Welt vom heidnisch-matriarchalischen Mutterkult zum patriarchalischen Christentum mit einem Propagandafeldzug ohnegleichen durchgedrückt haben, der das Göttlich-Weibliche dämonisiert und die Göttinnen für immer aus der modernen Religionsausübung verdrängt hat.«

Dan Brown, *Sakrileg,* S. 140

Einleitung

Bei mir zu Hause steht eine schöne katholische Marienskulptur mit dem Jesuskind auf dem Arm. Jedes Mal, wenn ich sie abstaube, spreche ich mit ihr. Spontan. Ich sage dann solche Dinge wie: »Na, in der heutigen Welt, da geht's zu, nicht wahr, Maria?« Sonst nichts. Meine Mutter hat einen einfachen kleinen Marienaltar zu Hause. Mit einer schwarzen Madonna. Und als mein Vater 1946 als Soldat nach Indonesien ausrücken musste, gab seine Mutter ihm eine kleine Kachel mit, auf der Maria als ewiger Beistand abgebildet war.

2004 wurde der Weltjugendtag der katholischen Kirche auf dem Marienfeld in Köln abgehalten. Es wurde dort eine lebensgroße Ikone Marias, der Mutter der Kirche, herumgetragen. Noch im Jahre 1965 wurde die Sünderin Maria Magdalena von der Kirche heilig gesprochen. Hat die Kirche das Heilig-Weibliche aus ihren Reihen verbannt!?

Nicht frauenunfreundlich, doch sex-feindlich

Die Kirche war nie frauenfeindlich, die gesamte nachchristliche Kultur dagegen wohl, und zwar schon seit der Römerzeit. Als der Römer Minucius Felix die Christen sexueller Rituale verdächtigt, sagt er:

> »Sie rekrutieren aus dem Abschaum des Volkes Dummköpfe und gutgläubige Frauen, die schon aufgrund ihres Geschlechtes labil und leicht zu beeinflussen sind.«[92]

Das bedarf keiner weiteren Erläuterung. Die gesamte westliche Kultur ist patriarchalisch geprägt. Dazu hat die Kirche einen gehörigen Beitrag geleistet. Aber die Kirche war auch immer männerfeindlich, insofern es um deren sexuelle Begierden geht, die sie beherrschen lernen sollen. Und weil die Kultur nun einmal patriarchalisch ist und das ›Objekt‹ der männlichen Begierde eben die Frau ist, stellt die Frau die ›große Gefahr‹ dar. Dies ist schon so bei dem Wüsten-Kirchenvater, dem Heiligen Antonius (251–356). Während seiner Askese und Einsamkeit in der Wüste versucht der Teufel ihn fortwährend, auf alle möglichen Weisen. Eines Tages erscheint ihm der Teufel in der Gestalt einer schönen Frau:

> »Der Teufel gab ihm schmutzige Gedanken ein, Antonius verscheuchte sie durch sein Gebet … Der arme Teufel ließ sich sogar herbei, ihm nachts als Weib zu erscheinen und alles Mögliche nachzumachen, nur um den Antonius zu verführen. Dieser aber dachte an Christus und den durch ihn erlangten Adel der Seele, an ihre geistige Art, und erstickte die glühende Kohle seines Wahnes. Dann wieder stellte ihm der böse Feind die Annehmlichkeit der Lust vor, er aber, voll Zorn und Schmerz, erwog bei sich die Drohung des ewigen Feuers und die Plage des Wurmes; dies hielt er ihm entgegen und ging aus den Versuchungen unversehrt hervor.«[93]

Dies ist sozusagen die ›Urgeschichte‹, der wir immer wieder in der Geschichte des Christentums begegnen. Zum Beispiel bei den Gralsrittern. Auch sie müssen zölibatär leben, doch das ist gar nicht so einfach, wenn der Teufel fortwährend auf der Lauer liegt, wie es Parzival widerfährt. Eines Tages, während eines seiner vielen Abenteuer, ist Parzival ziemlich depressiv. Er hat kein Pferd mehr. Ein ernstes Missgeschick für einen Ritter. Er schläft ein. Mitten in der Nacht wacht er auf, da steht eine schöne Frau vor ihm. Sie verspricht ihm ein schönes und starkes Pferd, wenn er sich in ihren Dienst begeben will. Parzival denkt, dass es eine Frau sei, die zu ihm spricht, doch es ist in Wahrheit der Feind, der ihn betrügen will, mit dem Ziel, Parzival zu »jener Grenze zu bringen, wo er seine Seele auf ewig verlieren wird«.[94] Parzival ist jedoch zu vielem bereit, wenn er nur ein Pferd erhält. Man ist Ritter oder man ist es nicht. So gelobt er also, in ihren Dienst zu treten und ihr jeglichen Beistand zu verleihen, um den sie bittet. Kaum ist er aufgesessen, geht das Pferd mit ihm in vollem Galopp und mit großer Geschwindigkeit durch. Da begreift Parzival, dass er vom Teufel betrogen wurde. Er macht ein Kreuzeszeichen, wonach das Pferd unter ihm zusammenbricht. Es wirft seine schwere Last ab und verschwindet in einem dunklen Fluss.

Hier geht alles noch einmal gut ab, aber einige Abenteuer später treffen wir Parzival erhitzt und nach üppigem Weingenuss im Bett mit einem jungen Mädchen an. Noch gerade rechtzeitig sieht er sein Schwert und das rote Kreuz, das darauf eingraviert ist. Dies bringt ihn zu Besinnung. Er schlägt ein Kreuz, und sofort ist das Bett mit der jungen Frau verschwunden. Es hätte nicht viel gefehlt, und unser Held hätte sein Keuschheitsgelübde gebrochen.

Lancelot dagegen hat sich seine Keuschheit nicht bewahren können. In seinem Fall war es nicht der Teufel, sondern die Frau selbst: Guinevere. Darum wird er niemals den Gral in seiner Gänze schauen können.

Nicht nur Männer werden vom Teufel verführt. Merlin ist das Resultat der Geschlechtsgemeinschaft seiner Mutter mit dem Teufel.

Die Geschichte erzählt sich folgendermaßen: Die Teufel wollen einen Mann schaffen, der in der Lage ist, den Glauben an Christus auszuhöhlen. Dazu suchen sie eine höchst ehrbare und gläubige Frau aus. Sie finden auch eine – aber wie soll sie verführt werden? Das geht nur, wenn die Frau in großen Zorn gerät und auf diese Weise Christus vergisst. Dies geschieht in dem Moment, in dem sie Besuch von ihrer Schwester bekommt, die es mit allen jungen Männern treibt und sie für ihren heiligen Lebenswandel verspottet. Einen scheinheiligen Lebenswandel notabene, denn sie wirft der ›Heiligen‹ vor, sie habe eine Beziehung mit ihrem Beichtvater. Dies ist natürlich nicht so, und die Folge ist, dass die ›heilige‹ Schwester in Zorn entbrennt und auf diese Weise Christus vergisst. Als sie dann eingeschlafen ist, hat der Teufel leichtes Spiel mit ihr. Er sagt:

»›Nun kann ich mit ihr machen, was ich will. Sie ist der Gnade ihres Herrn und der Hilfe ihres Meisters entfallen, und man würde es wohl erreichen, in ihr unseren Mann zu erzeugen.‹ Jener Teufel, der die Fähigkeit hatte, sich mit einer Frau zu verbinden, war dazu bereit. Er kam dorthin, wo sie schlief, und lag mit ihr. Als sie empfangen hatte, erwachte sie.«[95]

Wir sehen: Auch Frauen sind nicht immer, vor allem nicht im Schlaf, in der Lage ihre Begierden zu zügeln. Auch für sie bedeutet darum der Teufel eine Bedrohung.

So überfordert etwa das Lesen der Missgeschicke Lancelots die Standhaftigkeit der Francesca da Rimini und ihres Liebhabers Paolo. Davon berichtet Dante in der *Göttlichen Komödie.* Francesca und ihr Liebhaber landen im zweiten Kreis der Hölle. Francesca erklärt, was die Ursache dafür ist. Die Geschichte spielt sich in Rimini um 1275 ab. Francesca ist mit Giancotto verheiratet worden. Eines guten Tages liest sie zusammen mit dessen Bruder Paolo von Lancelot und dessen Liebesdrang:

»Wir lasen eines Tages, uns zur Lust,
von Lanzelot, wie Liebe ihn durchdrungen;
Wir waren einsam, keines Args bewusst.
Obwohl das Lesen öfters uns verschlungen
die Augen und entfärbt uns das Gesicht,
war eine Stelle nur, die uns bezwungen:
Wo vom ersehnten Lächeln der Bericht,
dass der Geliebte es geküsst, gibt Kunde,
hat er, auf den ich leiste nie Verzicht,
den Mund geküsst mir bebend mit dem Munde;
Galeotto war das Buch, und der's geschrieben:
Wir lasen weiter nicht in jener Stunde.«[96]

Nicht nur Männer, auch die Frauen landen aufgrund ihrer Unkeuschheit in der Hölle. So lesen wir es in der Laien-Literatur Dantes. Daraus können wir etwas Wesentliches lernen: Die Schriften, in welchen der Mann den Verführungen der sündigen Frau zu erliegen droht, gehören im Allgemeinen zur religiös orientierten Literatur und handeln zumeist von Mönchen und Gralsrittern. Ganz anders ist es in der Laien-Literatur. Dort sind Mann und Frau beide gleich schlecht, wenn sie ihrem Begehren nachgeben.

Abaelard und Heloise

Dante beschreibt die tragische Geschichte von Francesca und Paolo zu Beginn des 14. Jahrhunderts. Doch bereits früher ereignete sich eine berühmte und tragische Liebesgeschichte, nämlich die zwischen Abaelard (1079–1142) und Heloise (ca. 1100–1163). Petrus Abaelardus ist ein berühmter Scholastiker in Paris. Ein Grund für den Kanoniker von Notre Dame in Paris, Fulbertus, ihn zu bitten, der Hauslehrer seiner Nichte Heloise zu werden, die in seinem Haus wohnt. Heloise ist 20 Jahre jünger als Abaelard. Für den Unterricht erhält Abaelard gratis Kost und Wohnung im Hause des Fulbertus.

Mit Speck fängt man Mäuse: Eine stürmische Liebe ist die Folge. Und um eine schöne, aber lange Geschichte kurz zu machen: Die Liebe wird von Fulbertus entdeckt. Aus Wut lässt er Abaelard entmannen. Heloise wird in ein Kloster gesteckt. Sie heiraten, weil Heloise schwanger ist. Das arme Kind erhält den seltsamen Namen Pierre Astrolabius. Abaelard und Heloise bleiben weiterhin in Verbindung miteinander. In einem ihrer Briefe fragt Heloise Abaelard, warum die benediktinische Klosterregel für Männer und Frauen eigentlich gleich ist, während Frauen doch um so vieles schwächer seien. Die lange und gelehrte Antwort Abaelards ist bemerkenswert: Wer redet hier vom schwächeren Geschlecht? Schau dir doch einmal die Frauen um Jesus an. Sind sie nicht eigentlich viel stärker als die Apostel, die vom Kreuze flüchten, während die Frauen standhaft bleiben? Und betrachte einmal Maria Magdalena, der Jesus erlaubt, ihn zu salben – das heißt zum König zu machen –, ein Privileg, das er keinem anderen Menschen zugestand. Und dann schreibt Abaelard:

> »Wie war die Frau bevorzugt! Zweimal durfte sie den Christus bei seinem Leben salben, an Haupt und Füßen, sie durfte ihn weihen zu einem König und einem Priester! [...] Die vorausgegangenen Salbungen durch das Weib bezeugen Christi einzigartige Würde als König und als Priester; die Salbung des Hauptes deutet hin auf die höhere Würde, auf die niedere die Salbung der Füße. Vom Weibe empfängt der die Salbung der Königsweihe, der die Königskrone ausschlug, da Männer sie ihm darbrachten, und der von ihrem Zwang, die Krone zu nehmen, sich flüchtete. Das Weib vollzieht die feierliche Salbung des Königs, des himmlischen Königs Salbung, nicht die eines irdischen, des Königs Salbung, der von sich selbst es hernach sagte: ›Mein Reich ist nicht von dieser Welt.‹
> Bischöfe rühmen sich des, wenn sie in ihren glänzenden, goldstrotzenden Gewändern unter dem Jubel des Volkes irdischen Königen die Salbung geben, wenn sie irdische Menschen zu

> Priestern weihen, wenn sie oftmals da segnen, wo der Herr verflucht hat. Und hier, die demütige Frau: Sie wechselt nicht das Kleid, sie braucht keinen großen Pomp, wenn sie unter dem Murren der Apostel an dem himmlischen König die Weihehandlung vollzieht: Mit dem Recht der demutsvollen Liebe vollzieht sie die Weihung, nicht mit dem Anspruch des hohen Amtes.«[97]

Abaelard geht danach ausführlich auf die Diakonissen in den ersten Jahrhunderten des Christentums ein. So zitiert er zum Beispiel aus den Briefen des Paulus an Timotheus. Jene oft kritisierten Briefe, in welchen Paulus unter anderem sagt, es gezieme sich nicht für die Frau, in der Gemeinde lehrend aufzutreten, sie habe still und in aller Unterordnung zu lernen und sich nicht über den Mann zu erheben (1 Tim. 2,12). Wenn Paulus in diesem Brief über die »rechten Witwen« spricht (1 Tim. 5,3), so seien damit, meint Abaelard, Diakonissen gemeint. Diese Diakonissen spielen in den frühen Gemeinden eine ganz wichtige Rolle, wovon aufs Neue Paulus am Schluss seines Römerbriefes (ca. 56 n.Chr.) zeugt. Dies lautet folgendermaßen:

> »Ich empfehle euch aber unsere Schwester Phöbe, die eine Dienerin der Gemeinde in Kenchreä ist, dass ihr sie aufnehmt im Herrn, wie es den Heiligen geziemt, und ihr beisteht in jedem Geschäft, worin sie euer bedarf. Denn auch sie ist vielen ein Beistand geworden und auch mir selbst. Grüßet die Prisca und den Aquila, meine Mitarbeiter in Christus Jesus, die für mein Leben ihren Halt dargeboten haben, denen nicht ich allein danke, sondern auch alle Gemeinden aus den Heiden …« (Römer 16,1–3).

Abaelard geht nun akribisch alle derartigen Aussagen in der Heiligen Schrift durch, auch die im Alten Testament. Weibliche Propheten sind viel mehr wert als männliche, Jesaja inklusive, sagt Abaelard, denn in ihnen ist die Gnade stärker wirksam.[98] Weibliche Märtyrer sind mehr wert als männliche. Man betrachte die Frau, die im Buche der Makkabäer mit ihren sieben Söhnen gemartert wird. Ist dies nicht mehr wert als der Märtyrertod des Eleazar, des bedeutendsten der Schriftgelehrten (2. Makkabäer 6-7)? Und ähnlich analysiert Abaelard sodann die Schriften der Kirchenväter. Abaelard ist eigentlich ein Vorläufer der feministischen Theologie. So wird er allerdings nicht immer gesehen, gerade weil er die arme Heloise verführt hat. Doch man kann ihn durchaus so betrachten.

Wenn Abaelard über die Kirchenväter schreibt, wird die Sache interessant. Denn viele dieser Kirchenväter lassen sich auf zwei Weisen lesen. Die eine besteht darin, aufzuzeigen, wie frauenfeindlich sie sind, im anderen Fall lässt sich gerade zeigen, dass sie dies *nicht* sind. Und Letzteres tut Abaelard. Es ist die Geschichte von der Hure und der Heiligen. Wenn die Kirchenväter über die Frau als Hure sprechen, sprechen sie im Grunde über ihr eigenes Begehren. Doch wenn sie über die Frau als Heilige sprechen, sprechen sie von den »ehrbaren Witwen in Christus«. Diese stehen bei ihm in hohem Rang. Nehmen wir zum Beispiel den Kirchenvater Hieronymus (342–420), der von Abaelard angeführt wird, um aufzuzeigen, wie hoch er die Frauen emporhebt. Vor allem die edle Römerin Paula und ihr Haus werden von Hieronymus hoch gepriesen. Diese wahre Christin hat in Rom eine weibliche Gemeinde begründet. Er lobt diese heiligen Frauen fast in den Himmel. Doch gleichzeitig kennt Hieronymus die Erfahrung der Verlockungen durch junge Mädchen, *in casu* den Teufel. Das ist zum Beispiel der Fall, als er als Asket in der syrischen Wüste lebt. Er kommt dahinter, dass dies doch nicht das wahre christliche Ideal ist, denn man kann zwar asketisch leben bis zum Umfallen, doch »wurde ich Mal um Mal umringt von Gruppen tanzender Mädchen«.[99]

Es ist nicht die Frau, die das Böse repräsentiert, sondern die eigene Begierde. Und davor hat die Kirche Angst.

Frauenemanzipation im Mittelalter: die Mystik

Die Frau als Heilige wurde von der Kirche immer besonders hochgehalten. Dies kann man an der mittelalterlichen Mystik erkennen. Wenn irgendwo in der Geschichte die Rede von Frauen ist, die einen Einfluss auf Kirche und Staat ausübten, dann sind es die Mystikerinnen. Hildegard von Bingen (1098–1179) hat sehr viel Einfluss. In einem Brief tadelt sie den deutschen Kaiser Friedrich Barbarossa in unmissverständlichen Worten dafür, dass er sich mit dem Papst überworfen habe:

> »O König, es ist dringend notwendig, dass du in deinen Handlungen vorsichtig bist. Ich sehe dich nämlich in der geheimnisvollen Schau wie ein Kind, einen unsinnig Lebenden vor den lebendigen Augen [Gottes]. Noch hast du Zeit, über irdische Dinge zu herrschen. Gib Acht, dass der höchste König dich nicht zu Boden streckt, wegen der Blindheit deiner Augen, die nicht richtig sehen, wie du das Szepter zum rechten Regieren in deiner Hand halten musst. Darauf hab Acht: Sei so, dass die Gnade Gottes in Dir nicht erlischt.«[100]

Man muss sich die Situation vorstellen: als Kaiser solch einen Brief von einer Frau zu erhalten! Und der hört tatsächlich auf sie. Das tut auch jener Papst noch, der zwei Jahrhunderte später in der Verbannung in Avignon lebt. Die Mystikerin Katharina von Siena holt den Papst gewissermaßen selbst in Avignon im Jahre 1376 ab. Schon früher hatte sie an Papst Gregor XI. in unmissverständlicher Sprache Folgendes geschrieben:

> »Heiligster, teuerster und bester Vater in Christus Jesus! Ihre unwürdige, elende Tochter Katharina, Dienerin und Magd der Diener Jesu Christi schreibt Eurer Heiligkeit in Seinem kostbaren Blut [...] Ich möchte Sie stark und standhaft in Ihrem guten, heiligen Vorhaben sehen, dass kein Gegenwind Sie davon

> abzubringen vermag, weder Teufel noch Mensch. […] Denn dann werden Sie mit Ihren rebellischen Söhnen Frieden schließen und die heilige Kirche reformieren können. […] Verzeihen Sie mir, Vater, wenn ich allzu anmaßend geschwatzt habe.«[101]

Die babylonische Gefangenschaft der Päpste in Avignon – die Päpste residieren von 1309 bis 1377 nicht in Rom, sondern dort – ist Katharina ein Dorn im Auge. Alle möglichen machtpolitischen Spielchen zwischen den norditalienischen Städten und der Kurie sind die Ursache dieses Schismas. Der Papst ist beeindruckt von der mystischen Tiefe Katharinas, so wie es ihm auch mit der Mystikerin Brigitta von Schweden (1302–1381) ergangen ist. Auch sie hatte ihn aufgesucht. Der Papst bittet Katharina um ein Zeichen, wann er nach Rom zurückkehren solle. Sie antwortet ihm brieflich, dass Christus ihr offenbart habe, er solle einfach gehen. Und er tut es. Am 16. September 1376 zieht der gesamte päpstliche Hof zurück nach Rom. Auch Katharina kehrt nach Siena zurück.

Zusammenfassung

Wenn wir die christliche Mystik als Ausgangspunkt der Geschichtsschreibung nehmen würden, würde die Frau plötzlich einen viel prominenteren Platz in der Geschichte erhalten. In der Mystik haben wir es mit freien, stolzen und unabhängigen Frauen zu tun, die nicht davor zurückschrecken, Päpste und Kaiser zurechtzuweisen. Und wenn wir Abaelard glauben dürfen, sind Frauen sogar stärker als Männer. Die Kirche ist vielleicht weniger frauenfeindlich gewesen, als man uns heute glauben machen möchte. Vielmehr muss von einer Sexual-Feindlichkeit gesprochen werden. Und diese erstreckt sich genauso stark auch auf den Mann.

KAPITEL 10

Die heilige Maria und die heilige Maria Magdalena

Die frühe Kirche

In den ersten Jahrhunderten ist alles noch in Ordnung. Die Kirchenväter denken sich für Maria schöne, großartige und fromme Vorstellungen aus. Sie ist die zweite Eva, die *Theotokos* (Mutter Gottes), sie ist die Magd des Herrn und die starke Frau, sie ist die Anführerin des himmlischen Engelchors, ein Musterbild der Keuschheit und gesegnete Mutter, sie ist die *Mater gloriosa* und das Ewig-Weibliche. Sie ist die Himmelskönigin und außerdem noch Zuflucht in guten und schlechten Tagen. Und so ließe sich noch mehr anführen.

Im Hinblick auf Maria Magdalena ist in den ersten Jahrhunderten ebenfalls alles noch ›in Ordnung‹. Die Kirchenväter nennen sie noch *apostola apostolorum,* die Apostelin der Apostel. Sie wird in gnostischen kirchenchristlichen Kreisen verehrt als diejenige, die den Auferstandenen zuerst erblickt hat. Mit jener Maria, aus welcher Jesus sieben Dämonen austreibt, wird Maria Magdalena noch nicht in Zusammenhang gebracht. Es ist die Schwester von Martha, aus welcher Jesus »sieben Geister« austreibt (Lukas 8,2). Aber ob das dieselbe Maria ist, die Jesus zuerst erkennt? Die Überzeugung, dass es sich um dieselbe Maria handelt, entstand erst im 6. Jahrhundert, als Papst Gregor der Große (Amtszeit von 590 bis 604) beide Marien aneinander koppelt. Das tut er aufgrund einer weiteren, dritten Maria, jener Maria, die in Lukas 7,37 mit ihren Haaren Jesu Füße trocknet und ihn salbt. Lukas sagt von dieser Maria, dass sie »in der Stadt bekannt war als Sünderin«. Aber ob dies dieselbe Maria war, aus welcher Jesus die sieben Geister austrieb, und ob diese wieder dieselbe Maria ist, die den Auferstandenen als Erste erblickt hat, das ist noch die Frage. Nicht so jedoch für Papst Gregor. Für ihn handelt es sich immer um dieselbe Maria. Warum er diese Verklammerung vollzogen hat, bleibt ein Rätsel, bequem ist es jedenfalls. So entsteht das eindimensionale Bild der Maria Magdalena: Sie ist eine sündige Frau (eine Prostituierte), die bekehrt und eine der treuesten Schülerinnen wird, Jesu Füße mit ihren Haaren trocknet, ihn salbt und ihn nach der Auferstehung als Erste erblickt. Das Idealbild einer Bekehrung. Vielleicht mag dies die Absicht Gregors gewesen sein. Und so wird sie in der christlichen Tradition seither gesehen.

Maria und Maria Magdalena im Mittelalter

Die Marienverehrung erlebt im 12. Jahrhundert einen enormen Aufschwung. Jetzt entsteht die Marialogie und die Maria-Devotion. Einer, der diese Tendenz besonders fördert, ist kein Geringerer als Bernhard von Clairvaux. Wir sind ihm bereits häufiger begegnet. In vier Predigten handelt er dieses Thema ab. Er ist damals noch ein junger Mann und muss ungefähr 25 Jahre alt gewesen sein. In diesen Predigten sagt er unter anderem:

> »Das erfleht von dir, gütige Jungfrau, unter Tränen der aus dem Paradies vertriebene Adam mit seinen unseligen Nachkommen. Das erfleht Abraham, das David, darum flehen die anderen heiligen Väter, deine Väter, die selbst auch in dem Land des Todesschattens wohnen. Das erwartet die ganze Welt, hingestreckt zu deinen Füßen, und nicht zu Unrecht, denn von deinem Mund hängt der Trost der Unglücklichen ab, der Loskauf der Gefangenen, die Befreiung der Verdammten, schließlich das Heil aller Söhne Adams, deines ganzen Geschlechtes. Gib, o Jungfrau, schnell deine Antwort! O Herrin, antworte das Wort, das die Erde, die Hölle, ja das die Himmel erwarten!«[102]

Maria, die Mutter Gottes, ist die Fürsprecherin für alle Menschen. »O Fürstin«, ruft Bernhard regelmäßig in diesen vier Predigten aus. Maria ist übrigens nicht nur einfach Jungfrau: Sie ist außerdem noch fruchtbar. Sie ist die fruchtbare Jungfrau, Mutter allen Lebens.

So geht es auch mit der anderen Maria, Maria Magdalena. Sie mag zwar von Papst Gregor als bekehrte Prostituierte hingestellt worden sein – dies ändert nichts daran, dass ihre Popularität im Mittelalter groß ist. So schreibt der Erzbischof von Mainz und Abt des berühmten Klosters Fulda, Hrabanus Maurus (776–856) ein monumentales Werk über das Leben Maria Magdalenas. Genau wie bei Maria nimmt auch ihre Popularität im 12. Jahrhundert enorm zu. Bernhard von Clairvaux bezeichnet sie in seinen Hohelied-Predigten sogar als »Braut Christi«. Dies ist dann allerdings jene Maria, die die Schwester der Martha ist, und Bernhard meint mit »Braut« durchaus eine *geistige* Braut:

> »Denn es hört es die Braut, dass sie sich erheben und eilen soll, ohne Zweifel zum Gewinn der Seelen. Dieses nämlich ist der wahren, keuschen Kontemplation Art, den Geist, den sie mit göttlichem Feuer heftig entflammt hat, zuweilen mit göttlichem Eifer, und die, welche gottähnlich leben, mit heftigem Verlangen zu erfüllen, ihn zu erwerben ... [Da finden wir] die beschauliche Maria in denen, die nicht sowohl sich mühen, das traurige Bild der Sünden in sich zu bewegen, als im Gesetz Gottes Tag und Nacht unermüdlich zu forschen: Zuweilen auch spiegelt sich des Herrn Klarheit mit aufgedecktem Angesichte, und sie werden verkläret in dasselbe Bild von einer Klarheit zur anderen, als vom Geist des Herrn.«[103]

Bernhard betont hier also weniger die Sünden, sondern deren Überwindung mittels der mystischen Übungen. In jedem Mystiker verbirgt sich gewissermaßen eine Maria, sagt er, die den Bräutigam mit unbedecktem Antlitz zu betrachten vermag.

Maria Magdalena und die *Devotio moderna*

So positiv wie Bernhard ist man später, in der Bewegung der *Devotio moderna,* nicht mehr. In dieser Bewegung wird gerade die Betonung auf die Sünde, die Sündhaftigkeit des Menschen gelegt. Sie wurde begründet von dem Niederländer Geert Groote (1340–1384). Groote ist ein Lehrling des Mystikers Jan van Ruusbroec (1293–1381). Aber im Gegensatz zu Ruusbroec strebt Groote keine mystischen Erfahrungen mehr an, sondern eine devote Lebensweise. Das Standardwerk dieser Bewegung ist die *Imitatio Christi* (»Das Buch von der Nachfolge Christi«) von Thomas von Kempen (ca. 1380–1471). Nach der Bibel ist sie das am häufigsten übersetzte Buch der Welt. Dessen zentrale Botschaft ergibt sich eigentlich bereits aus dem Titel: die Nachfolge Jesu Christi in seiner Lebensweise. Die Brüder und (viele) Schwestern aus der »Bewegung der Brüder und Schwestern des gemeinen Lebens«, wie diese Bewegung auch genannt wurde, erstreben Einfachheit, Schlichtheit und strenge Selbsterkenntnis. Immer wieder wird auf unsere sündige Verfassung hingewiesen. So überrascht es nicht, dass in dieser Gruppierung Maria Magdalena als Vorbild hingestellt wird. In der *Imitatio Christi* ist sie eine der wenigen Heiligen, die mit Namen genannt werden. Das ist auch logisch, denn es handelt sich hier um die direkte Beziehung zu Jesus: Heiliger als Mittler bedarf es dabei nicht mehr. Man kann es auch so ausdrücken: Nach zwei Jahrhunderten der Mystik ist Jesus Christus nun im Herzen erfahrbar geworden. Da kann er gefunden werden. Und da wird er von den modernen Devoten deswegen auch gesucht. Aber es muss erst die eigene sündige Verfassung erkannt und überwunden werden. So wie es Maria Magdalena tat. In der *Imitatio Christi* finden wir zum Beispiel folgende Stelle:

> »Ist Jesus bei Dir daheim, so ist alles gut und alles leicht. Ist aber Jesus nicht bei Dir, so ist alles bitter und hart. Wenn Dir Jesus drinnen nicht spricht, so ist alle andere Tröstung kraftlos. Aber ein einziges Wort aus Seinem Munde bringt großen Trost

in Dein Herz. Ist nicht Maria sogleich von der Stelle, wo sie weinte, aufgestanden, als ihr Martha sagte: Der Meister ist da und ruft dich?«[104]

Und weiter:

»Wie selig ist doch die andächtige Seele, die mit Dir, der Du die Lieblichkeit und die Liebe selbst bist, Jesus Christus, unser Herr, an Deinem Tische isst! Dort wird ihr keine andere Speise vorgelegt, als Du, ihr Einzig-Geliebter, nach dem als ihrem höchsten Gut sich all ihr Sehnen unablässig sehnt. Aber für mich wäre ein Vorgeschmack himmlischer Süßigkeit, in Deiner Gegenwart aus der Fülle der innigsten Empfindungen weinen und mit der Sünderin Magdalena, die bei Dir Gnade fand, Deine Füße mit Tränen benetzen können.«[105]

So wird es auch praktiziert. Zum Beispiel durch die devote Nonne Aleyt Bake (1415–1455) aus dem Galiläakloster zu Gent. Aleyt Bake liest mystische Schriften und ist sehr devot. Sie kann nichts dagegen tun, es führt bei ihr zu mystischen Erfahrungen. Nicht in der Nachfolge Jesu, sondern derer Maria Magdalenas! Sie schreibt in ihrer Autobiografie *Mijn Beghin ende Voortghank:*

»Ich wollte nichts anderes als zu Seinen Füßen liegen, zusammen mit Maria Magdalena. Darum suchte ich die Einsamkeit meiner Zelle.«[106]

Dies hätte sie besser unterlassen sollen, denn es führt allein dazu, dass andere Nonnen es ihr missgönnen. Denn gerade in dieser Absonderung hat sie mystische Erfahrungen, die man ihr nicht zugesteht. Es ist ja durchaus hoffärtig, dass eine sündige Seele in direkter Beziehung mit Jesus Christus steht. Das zeigt sich auch bald, denn Aleyt erweist sich als eine ziemlich unabhängige, ja widerspenstige Klosterschwester, was zu etlichen Konflikten führt. Selbst sagt sie hierzu, dass sie verrückt sein müsse, den Weg der anderen Schwestern zu gehen. Sie schreibt: »Während ich schon bereits fast ganz oben im Turm bin, bitten die Schwestern mich, herunterzukommen, um auf ihrer Leiter wieder emporzusteigen.« Letztendlich weiß sie sich zu fügen, die Konflikte werden gelöst und sie wird sogar zur Priorin des Klosters gewählt. Doch die Würfel sind bereits gefallen. Die Kongregation des Windesheimer Kapitels greift ein – allerdings ist das Kind bereits in den Brunnen gefallen: Im Jahre 1454 wird sie aus ihrem Kloster verbannt, und ein Jahr später verbietet das Kapitel, dass Frauen weiter mystische oder philosophische Werke schreiben oder auch nur abschreiben dürfen. Erst jetzt entsteht ein negatives Frauenbild in der Kirche.

Maria und die protestantischen Kirchen

Luther (1483–1546) und vor allem Calvin (1506–1564) finden in den Niederlanden einen fruchtbaren Nährboden. Die moderne Devotion hat bereits gewissermaßen den Teppich für Calvin ausgerollt. In der Bewegung der *Devotio moderna* ist man nicht unbedingt auf Frauen erpicht. Diese leiden bekanntlich rasch unter allerlei unheimlichen mystischen Symptomen. Im Calvinismus schlägt dann das männliche rationale Denken voll zu. Calvin hält überhaupt nichts von Heiligenverehrung. In seiner *Institution* schreibt er über die vermaledeite papistische (katholische) Praxis der Fürbitte durch Maria:

> »Sie wollen gewiss die Schande eines solch gemeinen Frevels von sich abwenden – aber mit was für einem Vorwand wollen sie es denn verteidigen, dass … man die Heilige Jungfrau bittet, sie möchte ihrem Sohn gebieten, zu tun, was man begehrt?«[107]

In der katholischen Kirche ist es eine ganz übliche Praxis, nicht Jesus, sondern Maria zu bitten, Fürsprecher bei Gott zu sein. Jesus wird nicht selbst direkt angerufen. Maria ist die *Mediatrix,* die

Mittlerin. Sie ist die Fürsprecherin des Menschen bei Christus. Man könnte sich fast fragen, ob Maria in der katholischen Kirche nicht häufiger angerufen wird als Christus selbst. So etwas lehnt man in der Reformation nun völlig ab. Im Gefolge der *Devotio moderna* rückt nun Jesus Christus selbst in den Mittelpunkt. Die direkte Beziehung zwischen den Gläubigen und Jesus – dazu passt keine Mittlerin mehr. Die Marienverehrung – und die anderer Heiliger – wird als Götzendienst betrachtet. Einer der Vorreiter der Reformation, Huldreich Zwingli, drückt es im Jahre 1523 so aus:

> »Darum ist für uns Christus das einzige Mittel, zu Gott zu kommen, denn alle, die je zu Gott kamen, sind allein durch Christus zu ihm gekommen. Er ist der Mittler zwischen Gott und uns. Er ist es auch allein, denn es steht niemandem zu, Mittler zwischen Gott und uns zu sein, als seinem Nachkommen, durch den uns Gott das Heil verheißen hat.«[108]

Es geht in der Reformation um das *Solus Christus,* also nur und allein um Christus. Und um das Prinzip des *Sola scriptura:* allein die Schrift zählt.

Moderne Marienverehrung

Nein, in Bezug auf die Verehrung der heiligen Frau, der Mutter Gottes, müssen wir bei der katholischen Kirche anklopfen. Und wer dann glaubt, dass es sich hierbei vor allem um Volksfrömmigkeit handelt, der irrt. Denn während des Zweiten Vatikanischen Konzils von 1962 bis 1964 wird die Marialogie der katholischen Kirche noch einmal festgeschrieben. Der Konzilstext lautet folgendermaßen:

> Die selige Jungfrau, die von Ewigkeit her zusammen mit der Menschwerdung des göttlichen Wortes als Mutter Gottes vorherbestimmt wurde, war nach dem Ratschluss der göttlichen

Vorsehung hier auf Erden die erhabene Mutter des göttlichen Erlösers, in einzigartiger Weise vor anderen seine großmütige Gefährtin und die demütige Magd des Herrn. Indem sie Christus empfing, gebar und nährte, im Tempel dem Vater darstellte und mit ihrem am Kreuz sterbenden Sohn litt, hat sie beim Werk des Erlösers in durchaus einzigartiger Weise in Gehorsam, Glaube, Hoffnung und brennender Liebe mitgewirkt zur Wiederherstellung des übernatürlichen Lebens der Seelen. Deshalb ist sie uns in der Ordnung der Gnade Mutter. Diese Mutterschaft Marias in der Gnadenökonomie dauert unaufhörlich fort, von der Zustimmung an, die sie bei der Verkündigung gläubig gab und unter dem Kreuz ohne Zögern festhielt, bis zur ewigen Vollendung aller Auserwählten. In den Himmel aufgenommen, hat sie diesen heilbringenden Auftrag nicht aufgegeben, sondern fährt durch ihre vielfältige Fürbitte fort, uns die Gaben des ewigen Heils zu erwirken. In ihrer mütterlichen Liebe trägt sie Sorge für die Brüder ihres Sohnes, die noch auf der Pilgerschaft sind und in Gefahren und Bedrängnissen weilen, bis sie zur seligen Heimat gelangen. Deshalb wird die selige Jungfrau in der Kirche unter dem Titel der Fürsprecherin, der Helferin, des Beistandes und der Mittlerin angerufen. Das aber ist so zu verstehen, dass es der Würde und Wirksamkeit Christi, des einzigen Mittlers, nichts abträgt und nichts hinzufügt. Keine Kreatur nämlich kann mit dem menschgewordenen Wort und Erlöser jemals in einer Reihe aufgezählt werden. Wie vielmehr am Priestertum Christi in verschiedener Weise einerseits die Amtspriester, andererseits das gläubige Volk teilnehmen und wie die eine Gutheit Gottes auf die Geschöpfe in verschiedener Weise wirklich ausgegossen wird, so schließt auch die Einzigkeit der Mittlerschaft des Erlösers im geschöpflichen Bereich eine unterschiedliche Teilnahme an der einzigen Quelle in der Mitwirkung nicht aus, sondern erweckt sie. Eine solche untergeordnete Aufgabe Marias zu bekennen, zögert die Kirche nicht, sie erfährt sie auch ständig und legt sie den Gläubi-

> gen ans Herz, damit sie unter diesem mütterlichen Schutz dem Mittler und Erlöser inniger anhangen. Die selige Jungfrau ist aber durch das Geschenk und die Aufgabe der göttlichen Mutterschaft, durch die sie mit ihrem Sohn und Erlöser vereint ist, und durch ihre einzigartigen Gnaden und Gaben auch mit der Kirche auf das innigste verbunden. [...] Im Geheimnis der Kirche, die ja auch selbst mit Recht Mutter und Jungfrau genannt wird, ist die selige Jungfrau Maria vorangegangen, da sie in hervorragender und einzigartiger Weise das Urbild sowohl der Jungfrau wie der Mutter darstellt. Im Glauben und Gehorsam gebar sie den Sohn des Vaters auf Erden, und zwar ohne einen Mann zu erkennen, vom Heiligen Geist überschattet, als neue Eva, die nicht der alten Schlange, sondern dem Boten Gottes einen von keinem Zweifel verfälschten Glauben schenkte. [...] Nun aber wird die Kirche, indem sie Marias geheimnisvolle Heiligkeit betrachtet, ihre Liebe nachahmt und den Willen des Vaters getreu erfüllt, durch die gläubige Annahme des Wortes Gottes auch selbst Mutter: Durch Predigt und Taufe nämlich gebiert sie die vom Heiligen Geist empfangenen und aus Gott geborenen Kinder zum neuen und unsterblichen Leben. Auch sie ist Jungfrau, da sie das Treuewort, das sie dem Bräutigam gegeben hat, unversehrt und rein bewahrt und in Nachahmung der Mutter ihres Herrn in der Kraft des Heiligen Geistes jungfräulich einen unversehrten Glauben, eine feste Hoffnung und eine aufrichtige Liebe bewahrt.[109]

Und hier handelt es sich nur um die Marienverehrung in der *westlichen* katholischen Kirche! Maria als die *Theotokos,* als Mutter Gottes, hat in der griechisch-orthodoxen Kirche einen vielleicht noch höheren Stellenwert als in der westlichen Kirche. Maria als die heilige Sophia, die *Hagia Sophia.* Die Sophienverehrung der russisch-orthodoxen Kirche, die Sophienverehrung der russischen Schriftsteller, die Sophienverehrung des protestantischen Mystikers Jakob Böhme (siehe Kapitel 2). Und sogar die Marienverehrung im

Islam. Im Koran steht: »Maria ist von Gott auserkoren über alle Frauen der Erdbewohner« (Sure 3, 42).

Und Maria Magdalena ist in der katholischen Kirche genauso häufig als Prostituierte wiedergegeben, wie sie als Heilige abgebildet wird. Dass in der protestantischen zeitgenössischen Theologie Maria Magdalena ›wiederentdeckt‹ wird,[110] empfinde ich als Katholik als einen typisch protestantischen Ansatz. Maria und Maria waren nie verschwunden, sie wurden nur verdrängt. Insbesondere von der Theologie des 19. Jahrhunderts. Diese ist sehr männlich und sehr rational geprägt. Über die katholische Mystik und Devotion und den protestantischen Pietismus schreibt zum Beispiel der Theologieprofessor Theodor Ritschl (1822–1889), dass es sich dabei um einen »schwärmerischen unmännlichen Lebensstil« handle. Hierzu passt natürlich keine Marienverehrung.

Zusammenfassung

In der katholischen Kirche, und zwar auf allen Ebenen, ist Maria, die Mutter Gottes, niemals verschwunden gewesen. Maria ist und wird vielleicht noch häufiger angerufen als Jesus Christus oder Gott selbst. Maria ist eine Konstante innerhalb der katholischen Kirche. Etwas weniger ist das der Fall mit Maria Magdalena. Bis weit ins Mittelalter hinein wurde sie jedoch meistens als die Erste der Apostel betrachtet. Erst im späten Mittelalter wird in der Bewegung der *Devotio moderna* der Akzent auf die Sünderin, die bekehrte Prostituierte, gelegt. Doch selbst dort sehen mystisch veranlagte Frauen wie Aleyt Bake in ihr ein Vorbild. Erst in der Reformation nimmt die Marien- und Maria-Magdalenen-Verehrung ab. In der männlich-rational orientierten Theologie des 19. Jahrhunderts verschwinden Maria und Maria Magdalena fast ganz.

KAPITEL 11

Warum Jesus nicht verheiratet war

> »Außerdem ist es weitaus sinnvoller anzunehmen, dass Jesus ein verheirateter Mann gewesen ist, als der üblichen Aussage des Neuen Testaments zu folgen, die ihn als Junggesellen hinstellt.« – »Wieso das?« – »Weil Jesus Jude war«, schaltete Langdon sich ein. »Nach den Anstandsregeln der damaligen Zeit war es einem jüdischen Mann praktisch verboten, unverheiratet zu bleiben. Ein zölibatäres Leben war nach jüdischem Brauch undenkbar.«
>
> Dan Brown, Sakrileg, S. 264 f.

Einleitung

In den bisherigen Betrachtungen wurden eigentlich genügend Argumente gefunden, um die These zu erhärten, dass es für Jesus überhaupt nicht notwendig gewesen ist, mit Maria Magdalena verheiratet gewesen zu sein.

In Kapitel 1 und 2 haben wir aufgezeigt, dass das »Küssen«, das zwischen Jesus und Maria Magdalena stattfand, auf eine Einweihungspraxis hindeutet. Nicht etwa auf eine Liebesbeziehung.

In Kapitel 3 haben wir nachgewiesen, dass das Geheimnis des Grals sich auf die Begegnung des Menschen mit dem auferstandenen Christus und nicht etwa auf eine physisch-blutsmäßige Vererbungslinie bezieht, die auf Jesus und Maria Magdalena zurückgeht.

In den Kapiteln 5 und 6 haben wir über das Problem der Zweinaturenlehre gesprochen. Eine Frage, die die gesamte christliche Geschichte beherrscht hat. Die Auffassung Dan Browns, dass Jesus Mensch war (und kein Gott), ist eine einseitige, materialistische Ansicht und keineswegs esoterisch.

Im 7. Kapitel zeigten wir, wie unwahrscheinlich es ist, dass die Templer sexuelle Rituale betrieben haben. Und dass Dan Brown seine diesbezüglichen Vorstellungen wohl bei dem sehr bedenklichen Ordo Templi Orientis bezogen hat, der am Beginn des 20. Jahrhunderts aktiv war.

Im 9. und 10. Kapitel haben wir aufgezeigt, dass die Kirche nicht frauen-unfreundlich gewesen ist, sondern sexual-unfreundlich. Und dass, wenn irgendwo in der patriarchalischen Kultur des Abendlandes eine Instanz existiert hat, die das Weibliche hochgehalten hat, es gerade die Kirche mit ihrer Marien- und Maria-Magdalenen-Verehrung gewesen ist. Und nicht zuletzt: dass es vielleicht einen historischen Grund dafür gab, dass die Kirche sexualfeindlich eingestellt gewesen ist.

In diesem zusammenfassenden Kapitel wollen wir zusätzliche *historische* Argumente liefern, die zeigen, dass Jesus nicht mit Maria Magdalena verheiratet war. Denn Dan Brown benutzt, genau wie viele moderne Verfechter der Heiratstheorie in Bezug auf Maria Magdalena und Jesus, die aus der esoterischen Ecke argumentieren, das Argument, es sei besonders ungewöhnlich für einen Juden zur Zeit Jesu gewesen, nicht verheiratet zu sein. Aber ist das wirklich so? Wir wollen dies anhand einiger Beispiele näher betrachten.

Johannes der Täufer, Essener und andere jüdische ›heilige Männer‹

Kann jener Heuschrecken essende, im härenen Gewand einherschreitende Johannes der Täufer verheiratet gewesen sein? Es wäre gar nicht auszudenken. Er lebte jedenfalls nicht den jüdischen Gewohnheiten entsprechend. Es ist höchst unwahrscheinlich, dass er verheiratet war.

Wer ist Johannes der Täufer eigentlich? Ist er ein einsamer Rufer in der Wüste oder gehört er zu einer jüdischen Sekte? Diese Frage wurde von den Historikern schon erschöpfend behandelt, und man ist zu der inzwischen allgemein akzeptierten Schlussfolgerung gelangt, dass er zu einer jüdischen Sekte von »Täufern« gehörte. Wahrscheinlich zu einer Gruppe von Juden, deren späte Nachfahren die heutigen Mandäer im Südirak sind.

Von den alten Mandäern sind noch Texte erhalten. Eine andere jüdische Täufer-Sekte ist die der Elchasaiten, jene Täufer-Sekte, in welcher Mani aufwächst, in der Nähe des heutigen Bagdad. Mani predigt das Zölibat für die manichäischen *Electi.* Dies sind sowohl Männer als auch Frauen. Dasselbe ist der Fall bei den mandäischen Priestern und den Priestern der Elchasaiten. Aus den überlieferten mandäischen Texten spricht eine starke Antipathie gegen die jüdischen Tempelrituale. Vielleicht lebte diese Täufer-Sekte zunächst in der Wüste jenseits des Jordans und zog etwa im Jahre 30 n.Chr. in das babylonische Reich, um sich dort schließlich im Süden niederzulassen. Ihr Held ist Johannes der Täufer, nicht Jesus. Die Mandäer kennen einen starken Dualismus: Das irdische Dasein wird als ein Gefängnis erlebt, und man hofft und erwartet das Kommen eines Messias. Die Mandäer sind also jüdische Gnostiker, vielleicht eine Splittergruppe der Essener. Sie werden auch als Nasoräer bezeichnet, wie übrigens Jesus auch. Es wird sogar eine Verwandtschaft zwischen den Texten der Mandäer und dem Johannes-Evangelium konstatiert.

Einer der erhaltenen mandäischen Texte handelt von Johannes dem Täufer, *Yahya* genannt. Daraus gehen seine vollständige Weltentsagung und sein zölibatärer Lebensstil hervor, welcher als Ideal für mandäische Priester hingestellt wird:

> »Yahya verkündigt in den Nächten und sagt: ›Durch die Darlegungen meines Vaters gebe ich Licht und durch Lob des Mannes, meines Schöpfers, habe ich meine Seele von der Welt befreit und von den Werken, die hassenswert sind und schlecht [...] Ich stehe in der Kraft meines Vaters und mit dem Lob des Mannes, meines Schöpfers. Ich habe kein Haus gebaut in Judäa, ich habe keinen Thron errichtet in Jerusalem. Ich habe

den Kranz der Rosen nicht lieb gehabt, ich hatte keinerlei Gemeinschaft mit körperlichen Frauen. Ich habe die Schwäche nicht geliebt, noch habe ich den Becher der Trunkenen geliebt. Ich habe die Nahrung für meinen Körper nicht geliebt und das Böse hat keinen Ort in mir gefunden. Ich habe meine nächtlichen Gebete nicht vernachlässigt, noch habe ich den mächtigen Jordan vergessen. Ich habe mein Taufen nicht vergessen.«[111]

Die jüdischen Täufer-Sekten zur Zeit Jesu lehren also strenge Weltentsagung. Nicht nach dem Fleische, sondern nach dem Geiste soll gelebt werden. Um noch einmal Paulus zu zitieren: Hier hinein passt das Zölibat des Priester-Eingeweihten sehr gut.

Die Essener

Eine verwandte jüdische Sekte zur Zeit Jesu ist die der Essener. Heute sind sie weltberühmt aufgrund der Schriftrollen vom Toten Meer, die 1948 gefunden wurden. Die Essener sind zwar Juden, aber keine Christen, auch wenn sich eine Verwandtschaft zwischen ihnen und den Christen nachweisen lässt. Vielen modernen esoterischen Büchern zufolge soll Jesus ein Essener gewesen sein. Auch die Essener vertreten eine starke Abwendung von den jüdischen Tempelpraktiken. Die Priester seien viel zu stark hellenisiert und hätten sich zu weit vom ursprünglichen, wahren jüdischen Glauben entfernt. Diese Abwendung wird übrigens von Jesus nicht geteilt. Regelmäßig verweilt er im Tempel, auch wenn es ihm manchmal zu viel wird und er dann die Tische der Geldwechsler im Vorhof umwirft.

Nun ist es allseits im Altertum bekannt, dass die Essener das Zölibat lehren. Wenigstens gilt das für ihre Priester. Dies wissen wir zum Beispiel aus der *Geschichte des judäischen Krieges* von Flavius Josephus (ca. 37–100/110 n.Chr.). Darin schreibt er über die Essener unter anderem Folgendes:

»Diese sind ebenfalls geborene Judäer, aber untereinander noch mehr als die anderen durch Liebe verbunden. Die sinnlichen Freuden meiden sie wie die Sünde, und die Tugend erblicken sie in Enthaltsamkeit und Beherrschung der Leidenschaften. Von der Ehe halten sie wenig, dagegen nehmen sie fremde Kinder auf, solange diese noch in zartem Alter stehen und bildungsfähig sind, halten sie wie ihre Angehörigen und prägen ihnen ihre Sitten ein. Doch wollen sie die Ehe und das Zeugen von Nachkommen in ihr nicht gänzlich aufheben, sondern sich nur von den Ausschweifungen der Frauen sichern, da sie glauben, dass keine von ihnen einem Gatten die Treue bewahrt.«[112]

Genau wie bei den Mandäern ist das Zölibat für die essenischen Priester eine logische Konsequenz ihrer dualistischen Weltauffassung.

Andere jüdische ›heilige Männer‹

Um das Jahr 120 n.Chr. zieht Rabbi Simeon ben Azzai durch das jüdische Land. Wir kennen ihn wegen seiner häufig zitierten Auslassungen über die Gefahr mystischer Spekulationen. Die Geschichte erzählt sich wie folgt: Die Rabbiner Simeon ben Azzai, Simeon ben Zoma und Aqiba sind in Ekstase versunken. In einem bestimmten Moment warnt Rabbi Aqiba die beiden anderen: »Wenn du bei den Steinen des reinen Marmors angekommen bist, dann sage nicht: Wasser! Wasser! Denn es steht geschrieben: Er, der Lügen erzählt, kann nicht vor meinen Augen stehen (Psalm 101,7). Simeon ben Azzai schaute und starb ... Simeon ben Zoma schaute und wurde vom Wahnsinn geschlagen ... Rabbi Aqiba zog dahin in Frieden.«[113] In der *Tosefta* sind Rabbi Simeon ben Azzai und Rabbi Eleazar miteinander im Gespräch. Man spricht über die Frage der sexuellen Fortpflanzung:

> »Rabbi Simeon ben Azzai sprach: ›Jener, der nicht an der Reproduktion und Fortpflanzung teilnimmt, rebelliert gegen die Schrift und vernichtet das Bild Gottes. Denn es wird gesagt: *Gott schuf den Menschen nach seinem Bilde* und *Seid fruchtbar und werdet zahlreich*‹ (Genesis 1, 27–28). Rabbi Eleazar sagte zu ihm: ›Schöne Worte kommen aus dem Mund desjenigen, der dies tut (d.h. der gegen die Schrift rebelliert). Ein Mann interpretiert gut und handelt gut; ben Azzai interpretiert gut, aber er handelt nicht gut!‹ Rabbi Simeon ben Azzai sprach zu ihm: ›Was soll ich dann tun? Meine Seele dürstet nach der Thora. Die Sorge für den Fortbestand der Welt ist in den Händen anderer.‹«[114]

Simeon ben Azzai lebt für die *Thora,* nicht für den Fortbestand der Welt. Er hat offensichtlich keine Zeit für andere Dinge als das Studium der Thora. Und obwohl dies von Rabbi Eleazar verurteilt wird, kommt es offenbar dennoch vor. Und zwar unter Rabbinern, die sich mit der Mystik beschäftigen.

Zusammenfassung

Dies sind nur einige Beispiele, aus denen hervorgeht, dass ernsthafte Gottessucher im alten Judentum zölibatär leben. Die Priester sind nicht verheiratet. Dafür haben sie keine Zeit. Täufer-Sekten, Essener und einzelne Rabbiner zeugen davon. Dass das Judentum kein Zölibat kennt, ist also nicht wahr. Jesus lässt sich von Johannes dem Täufer taufen. Es ist also sehr gut möglich, dass auch er zölibatär lebt. Schließlich ist er der größte Gottessucher, der je gelebt hat.

KAPITEL 12

Eine kurze Geschichte des esoterischen Christentums

Begriffsklärungen

Esoterik bedeutet »geheim« und »für Eingeweihte bestimmt«. Esoterisches Christentum wäre dann ein »geheimes Christentum«. Meistens wird dieser Begriff dem des exoterischen Christentums gegenübergestellt, worunter die Kirche und die Tradition verstanden werden. Esoterisches Christentum sei demnach ein außerkirchliches Christentum: Gnosis, Manichäismus, Katharer, Rosenkreuzer oder Anthroposophie. Es sind diese christlichen Strömungen, die sich auf die Gnosis berufen, um zur Erkenntnis und zum Erleben Gottes zu gelangen. Die Kirche und die Tradition berufen sich dagegen auf den Glauben, um zur Erkenntnis und zum Erleben Gottes zu gelangen. Durch die Funde der Nag Hammadi-Bibliothek und die vielen manichäischen Schriften während des 20. Jahrhunderts ist das esoterische Christentum nicht länger ein »geheimes«. Es ist ohnehin streng genommen unrichtig, alle Formen eines außerkirchlichen Christentums unter einen Generalnenner zu stellen. So lehren die antike Gnosis und der mittelalterliche Katharismus den Doketismus, während die Mystik und die Anthroposophie den Kreuzestod und die Auferstehung lehren. Genauso gut, wie es auch im traditionellen Christentum viele ›Kirchen‹ gibt, ist dies auch der Fall im so genannten esoterischen Christentum.

Es gibt – neben der engeren inhaltlichen Kernbedeutung – noch eine speziellere Definition des Begriffes »esoterisches Christentum«, anhand jener christlichen Bewegungen nämlich, die von der dreifachen Beziehung ausgehen, durch welche sich das Sein begreifen lässt, dem Beziehungsdreieck *Gott – Kosmos bzw. Natur – Mensch.*

In diesen Strömungen geht man von Gott als dem *Transzendenten* (»Gott ist weit weg«) aus, Gott ist ferner ein *panentheistischer Gott* (»Gott ist zugleich *auch* in der Schöpfung gegenwärtig«), und schließlich ist Gott ein *immanenter* (»Gott ist in der Seele«). Insbesondere in der Bewegung der Naturphilosophie im 17. und 18. Jahrhundert in Deutschland – auch als »radikaler Pietismus« bezeichnet – wird dieses dreifache Gottesbild in der Alchemie stark ausgebildet. Die Suche nach dem Stein der Weisen, der *Quinta Essentia,* oder auch das Goldmachen: All dies ist im Grunde eine Suche nach der gegenwärtigen Wirksamkeit Christi in der Schöpfung. Dafür muss man zum Mystiker werden, zum Naturwissenschaftler und Theologen. Diese Kombination ist ziemlich normal im 17. und 18. Jahrhundert.

Unter dieser engeren Definition eines esoterischen Christentums können der Manichäismus, das Rosenkreuzertum des 17. und 18. Jahrhunderts und die moderne Anthroposophie subsumiert werden, nicht jedoch die antike Gnosis, die Katharer und die vielen Newage-Gruppierungen.

Die Gnosis und die Katharer vertreten einen vertikalen Dualismus, das heißt: Das Oben ist gut, das Unten ist schlecht. Die Schöpfung ist geschaffen worden von einem bösen Demiurgen, der häufig mit JHWH gleichgesetzt wird. In der Newage-Bewegung dagegen wird häufig ein ausschließlich immanentes Gottesbild vertreten. Gott fällt mit der Schöpfung und der Seele zusammen. Dann kann man selbst Gott werden. Dies hat die Naturphilosophie immer geleugnet. Für sie bleibt Gott immer noch der »ganz andere«.

Die Naturphilosophie hat sich keineswegs immer außerhalb des traditionellen Christentums bewegt. Johann Valentin Andreae (der Autor der so genannten Rosenkreuzerschriften der Jahre 1614 bis 1616) ist zunächst einmal ein lutherischer Pfarrer, und Jakob Böhme ist ein sehr frommer Pietist, eigentlich ein Mystiker. Dennoch bewegt er sich aus dem Rahmen der Kirche heraus. Anders steht es mit der mittelalterlichen *Mystik.* Mystik ist die Suche nach Gott im eigenen Inneren. Die christliche Mystik blüht zwischen ca. 1100 bis ca. 1400, mit einigen Ausläufern nach Spanien (Theresa von Avila und Johannes vom Kreuz). Die Mystik charakterisiert sich durch eine zweifache Beziehung zwischen Gott und Mensch. So wie es im kirchlichen Christentum immer der Fall gewesen ist. Darin ist das Christentum – wenn auch in gemäßigter Form – mit der Gnosis und den Katharern verwandt. So lassen sich also allerlei Querbeziehungen zwischen dem so genannten esoterischen und dem so genannten exoterischen Christentum finden.

In diesem Buch verstehe ich unter »esoterischem Christentum« jene Formen des Christentums, die ausgehen von:

1. der Möglichkeit, dass die Seele sich zu höheren Erkenntnis- und Erlebnisformen entwickeln kann, wie zum Beispiel in der Gnosis und in der Mystik;
2. der Möglichkeit, dass die Materie sich vergeistigen kann und umgekehrt, wie es in der katholischen Transsubstantiationsauffassung und in der Alchemie der Fall ist;
3. denjenigen christlichen Gruppierungen, die von der Menschwerdung Gottes, dem Tod am Kreuz und der Auferstehung ausgehen.

Dieser Definition zufolge wäre die antike Gnosis kein esoterisches Christentum (wohl aber ein gnostisches Christentum), weil sie den Kreuzestod und die Auferstehung leugnet. Dasselbe gilt für die Katharer. Mystik ist ebenfalls kein esoterisches Christentum, weil in der Mystik die Möglichkeit geleugnet wird, dass Materie sich transsubstantiieren, d.h. verwandeln kann (es sei denn in der Eucharistie). Auch das traditionelle Christentum ist kein esoterisches Christentum, weil es (jedenfalls heute noch) die Entwicklung zu höheren Erkenntnismöglichkeiten ausschließt wie auch die der Transsubstantiation der Materie. Doch die Kirche lehrt wiederum den Tod am Kreuz und die Auferstehung. Allen dreien Kriterien begegnen wir meines Erachtens jedoch im Manichäismus, einigen gemäßigten Formen der Gnosis, der Naturphilosophie (Rosenkreuzer und Alchemisten) sowie der Anthroposophie. Um Missverständnisse auszuschließen:

Jegliche Entwicklung auf dem Weg der höheren Erkenntnis beginnt mit Ehrfurcht, Devotion und Glaube. Wie es in der benediktinischen Mönchsregel definiert ist: Die Übungen in Demut sind der erste Schritt. Wer diesen Schritt überspringt, verfällt der Hoffart.

Esoterisches Christentum in den ersten Jahrhunderten

Das esoterische Christentum – im Sinne der oben gelieferten Definition – lässt sich in den ersten Jahrhunderten des Christentums unter anderem bei Valentinus (ca. 100–160), Origenes (185–254) in einer schönen, aber schwierigen Schrift, die den Titel *Pistis Sophia* (»Glaubensweisheit«) trägt, sowie beispielsweise in einer Schrift mit dem Titel *De Ascencio Iesaia* (»Die Himmelfahrt des Jesaia«) und bei den Manichäern finden.

Valentinus kennen wir unter anderem aus seinem Werk *Das Evangelium der Wahrheit.* Der niederländische Theologe Gilles Quispel nannte ihn den größten Gnostiker des Altertums. Valentinus studiert in Alexandrien, wo er mit dem noch jungen Christentum in Berührung kommt. Christ geworden, zieht er um nach Rom. Doch sein Christentum ist noch lange nicht das Christentum der späteren Katholiken. Man ist häufig der Auffassung, dass er zur christlichen Sekte der Gnostikoi gehörte. In dieser Sekte identifiziert man den himmlischen Anthropos mit dem ewigen Christus des Johannes-Evangeliums. Valentinus unterscheidet, wie so viele anderen gnostische Gruppierungen, zwischen dem bösen Schöpfer-Demiurgen und dem »unbekannten Gott«, der nichts mit der Schöpfung zu tun hat. Doch anders als die Gnostiker lehrt Valentinus nicht den Doketismus. Für Valentinus ist es sehr wohl der Anthropos-Christus, der gestorben und auferstanden ist. So schreibt er in seinem *Evangelium der Wahrheit* Folgendes:

> »Deswegen war der erbarmungsvolle, treue Jesus geduldig, indem er die Leiden ertrug, bis er das Buch genommen hatte, weil er wusste, dass sein Tod Leben für viele ist. [...] Er wurde

an ein Holz genagelt; er schlug die Verfügung des Vaters an das Kreuz. Oh, welch große und erhabene Lehre! Er erniedrigte sich bis zum Tod, obwohl das ewige Leben ihn bekleidet. Nachdem er die vergänglichen Lumpen abgelegt hatte, zog er [die] Unzerstörbarkeit an, welche ihm niemand nehmen kann.«[115]

Dies lässt an Deutlichkeit nichts zu wünschen übrig. Im Übrigen sind das *Evangelium der Wahrheit* und andere Schriften des Valentinus durch ein kompliziertes kosmologisches System charakterisiert, in welchem beschrieben wird, wie der Anthropos durch die vielen Himmelssphären zur Erde herabsteigt.

Dieser Abstieg – und Aufstieg – wird wunderbar in der *Ascencio Iesaia* beschrieben, einer anonymen Schrift, die ursprünglich aus jüdisch-esoterischen Kreisen stammt, jedoch irgendwann im 3. Jahrhundert verchristlicht wurde. In diesem Werk wird beschrieben, wie der Prophet Jesaia durch die Himmelssphären aufsteigt und, beim Vater in der siebten Sphäre angekommen, sieht, wie Christus zur Erde absteigt. Indem Christus die verschiedenen Himmelssphären durchschreitet, erkennen die Engel dieser Sphären Christus nicht als solchen, weil er sich jedes Mal mit dem Mantel der betreffenden Engelhierarchie umhüllt. Einmal auf der Erde angekommen, zieht er auch den Fleischesmantel des Menschen an. Und so stirbt er am Kreuz, um danach im verherrlichten Leibe wieder aufzuerstehen. In diesem Leibe zieht er wiederum durch die Engelssphären, doch jetzt sehen ihn alle Engel in seiner verherrlichten Gestalt und singen das Sanctus, Sanctus, Sanctus.

Dies alles wird, natürlich in ganz anderer Weise, auch in der anonymen gnostischen Schrift beschrieben, die den Titel *Pistis Sophia* trägt. Dieses schwierige Werk beginnt mit dem bemerkenswerten Satz:

»Aber es geschah, als Jesus aus dem Tode auferstanden war, dass er elf Jahre mit seinen Jüngern verbrachte und mit ihnen sprach.«[116]

Hier ist kein Missverständnis möglich: Die Hauptperson, manchmal als Jesus, manchmal als das »erste Mysterium« oder dann auch wieder als »der Erlöser« bezeichnet, muss der Auferstandene sein. Jesus unterrichtet während dieser elf Jahre seine Jünger über seine himmlische Herkunft und seinen Auftrag. Es wimmelt in dieser Schrift von Äonen und Emanationen.

Auch der Kirchenvater Origenes von Alexandrien schenkt der Frage der Präexistenz starke (gnostisch geprägte) Aufmerksamkeit. Das gilt auch für die menschliche Seele: Nicht nur Jesus Christus hat ein vorgeburtliches Leben, jeder Mensch hat eines. Dies ist während der ersten Jahrhunderte allgemeine Auffassung. Später, im 6. Jahrhundert, werden die Lehren des Origenes von der Präexistenz der Seele durch die Kirche verurteilt.

Bei Origenes weiß man oft nicht genau, ob er nun eigentlich Gnostiker oder eher Mystiker ist. Mystiker ist er sicher dort, wo er seine Brautmystik entwickelt. Für Origenes ist der präexistente Logos durch den Tod am Kreuz und die Auferstehung letztlich in der Menschenseele auffindbar. Die Menschenseele ist die Braut, die die Ehe schließt mit dem Bräutigam im *Hememonikón*. Darunter versteht Origenes das Innerste der Seele, in welchem Christus gefunden werden kann.

Das wird Augustinus (354–430) ihm später nachsagen, jedoch jetzt ohne die Idee der Präexistenz einzubeziehen. Auch Augustinus kennt in seinen jungen Jahren die Gnosis in der Form des Manichäismus. Doch für ihn findet eine Art von präexistenter Gottesdämmerung statt. Er sagt, dass Gott nirgends sonst mehr gefunden werden kann als in der Schrift[117] und dass er im Herzen gekostet werden kann:

> »Wo doch ist Er? Da, wo die Wahrheit gekostet wird: zuinnerst im Herzen ist Er; aber das Herz ist abgeirrt von ihm. ›Wendet euch zurück, ihr Abtrünnigen, zum Herzen.‹ Und hanget Dem an, der euch erschaffen hat!«[118]

Mit Augustinus ist es endgültig mit dem »gnostischen Lebensgefühl« der ersten christlichen Jahrhunderte vorbei, wie es Roelof van den Broek einmal nannte. Damit wies er darauf hin, dass es in den ersten Jahrhunderten noch ziemlich einfach ist, in die geistige Welt hineinzublicken. Diese Fähigkeit nimmt während der ersten Jahrhunderte immer mehr ab, um schließlich ganz zu verschwinden. Wie Gott Mensch geworden ist in Christo: das kann man nun nicht mehr ›sehen‹. Wie Christus aus den Himmelssphären bis in die menschliche Hülle abgestiegen ist – man kann es nicht mehr wahrnehmen. Was bleibt? Der Glaube, wie er im Credo formuliert ist. Das christliche Credo ist als eine letzte und endgültige Zusammenfassung dessen zu betrachten, was man in den ersten Jahrhunderten gnostisch wahrnahm. Im Credo ist noch viel alte gnostische Weisheit verborgen. Damit meine ich: im Sinne der esoterischen Weisheit nach der oben gelieferten Definition. Das, was später das kirchlich-katholische Christentum eines Augustinus geworden ist, hat von Anfang an den Standpunkt vertreten: Jene Präexistenz Christi und des Menschen interessiert uns nicht mehr. *Hier* ist er erschienen, auf der Erde und in uns. Hier ist er zu finden, hier müssen wir ihn suchen, nicht in Himmelsfernen. Dies ist die zentrale Mission der Kirchen gewesen – um uns auf das einzige, jetzige Erdenleben zu fokussieren.

In diese Ansicht passt dann natürlich auch die Reinkarnation nicht mehr hinein. In den ersten Jahrhunderten des Christentums wusste man noch von einer sich reinkarnierenden Seele. Doch dieser Gesichtspunkt weist zu stark auf ein vorgeburtliches Leben hin, so die Kirche. Dort sollen wir unsere Identität nicht suchen – wir sollen sie auf der *Erde* suchen. Hier sollen wir Mensch werden. Dies hat zur Folge, dass vieles an alter Wahrheit und Weisheit verloren geht … aber das gehört eben dazu.

Esoterisches Christentum im Mittelalter

Augustinus hat in seinem letzten Lebensjahr noch die Vandalen aus Nordafrika anstürmen sehen. Es muss ihm dabei gedämmert haben, dass die Zeit der Antike damit definitiv abgelaufen war. Die junge christliche Kirche, die eben erst den ›Kampf‹ gegen die gnostischen Christen gewonnen hatte und gerade zur Staatsreligion erhoben worden war, wird mit einem neuen Problem konfrontiert: dem der heidnischen Germanen. Es hat die Kirche ungefähr sechs Jahrhunderte gekostet, die Germanen zu christianisieren. Für ein esoterisches Christentum bleibt da nicht viel Raum. Jedenfalls nicht im westlichen Christentum. Im östlichen Christentum ist dies anders. Das Oströmische Reich existierte noch bis 1435, dann wird Byzanz von den Türken erobert.

In der Westkirche ist erst um die Mitte des 11. Jahrhunderts wieder Raum für eine theologische Reflexion des Christentums. Die Scholastik, die Mystik, die Katharer und die Gralsliteratur sind eine Folge dieser Entwicklung.

In der Scholastik versucht man, Gott mithilfe der Vernunft zu finden. Anselm von Canterbury (1033–1109) und Thomas von Aquin (1225–1274) entwickeln so genannte »Gottesbeweise«. Das bedeutet nicht, dass sie mit dem Verstand zu beweisen versuchen, dass Gott existiert – dies steht natürlich ohne jeden Zweifel fest –, sondern sie versuchen mithilfe der Verstandeslogik Gott sozusagen ›nachzudenken‹. Die Frage lautet: Ist der Verstand in der Lage, sich Gott zu nähern? Anselm bejaht dies, Thomas von Aquin ist darin viel unsicherer. In seinen letzten Lebensjahren entdeckt er sogar, dass dies nicht möglich ist. Er hat dann eine mystische Erfahrung, die ihn Gott spüren lässt. Das heißt: Gott zeigt sich nicht im Verstand, sondern in seiner Erfahrung. Desillusioniert ruft er aus: »Alles, was ich geschrieben habe, kommt mir vor wie Stroh im Vergleich zu dem, was ich gesehen habe!«

Dass sich Gott nicht mit dem Verstand ergründen lässt, wusste man in der mittelalterlichen Mystik bereits seit langem. Der Inaugurator dieser mittelalterlichen Mystik, Bernhard von Clairvaux, wurde in den zurückliegenden Kapiteln bereits ausführlich behandelt. Bernhard sieht vor allem in der Seelenfähigkeit der *Memoria* das Instrument, sich für Gott zu öffnen. In der nächsten Generation ist es die umgewandelte Begierde, die *Minne*, die die Triebfeder auf dem Weg zu Gott bildet. Wie zum Beispiel bei der flämischen Mystikerin Hadewijch. Aber die *Minne* muss durch die Vernunft im Zaum gehalten werden. Die Vernunft allein allerdings schafft keine Begierde nach Gott, sagt Hadewijch:

> »Die Vernunft hat mehr Sinn für das Maß als die Minne, aber die Minne kennt mehr die Süßigkeit des Seligseins als die Vernunft. Dennoch helfen diese beiden einander gegenseitig in höchstem Maße, denn die Vernunft unterweist die Minne und die Minne erleuchtet die Vernunft. Wenn dann die Vernunft sich der Begierde der Minne hingibt und die Minne sich einschränken lässt durch den Rahmen, den die Vernunft setzt, sind sie imstande, etwas Außergewöhnliches, Großartiges zu leisten, und dies vermag niemand zu lernen, es sei denn, indem er es selbst spürt.«[119]

Vgl Der Prophet

Wieder eine Generation später wird Jan von Ruusbroec (1293–1381) dies aus vollstem Herzen bestätigen. In seiner *Chierheit der Gheestelijke Brulocht* beschreibt er sachkundig den Seelenaufstieg zu Gott in drei Stadien: das Stadium des Fleisches, das er als das »tätige Leben« bezeichnet, das Stadium der Seele, das er das »innerliche Leben« nennt, und schließlich das dritte Stadium des Geistes, das er das »Gott-schauende Leben« nennt. Nur mit rein geistigen Fähigkeiten kann man Gott erkennen lernen.

In der gesamten mittelalterlichen Mystik handelt es sich um die Suche nach der letztendlichen Einswerdung des Menschen (der Menschenseele) mit Gott. Dabei spielen die Natur und der Kosmos keine Rolle. Allerdings sieht Ruusbroec eine Beziehung zwischen dem Mikrokosmos und dem Makrokosmos. Wie der Mensch aus drei Gliedern besteht, nämlich Körper, Seele und Geist, so besteht auch der Makrokosmos aus drei Himmeln: der rein geistige Himmel Gottes, das Firmament (Sterne und Planeten) und die unterste Himmelssphäre (Äthersphäre und Erde) mit dem Körper des Menschen. Aber dies ist ein reiner Vergleich, die drei Himmel sind Symbole für unser geistiges Leben:

> »Alle Geschöpfe zeigen und lehren uns, wie wir leben sollen. Die Himmelskörper und das System, in welchem Gott sie angeordnet hat, sind für uns ein Beispiel und ein wahrhaftiges Symbol der Art und Weise, wie wir Gott über alle Elemente der Himmel bekennen sollen, durch ein inneres und verborgenes geistiges Leben, das niemand kennt oder spürt als der, der es selbst erlebt, es in sich übt und pflegt.«[120]

Dass eine Verwandtschaft zwischen dem Menschen und den drei Himmeln existiert, ist ganz normales mittelalterliches Wissen. Keine Esoterik. Nur das Erkennenlernen Gottes ist »innerlich und verborgen«. Das ist auch ganz logisch, denn der mittelalterliche Mensch sieht im Kosmos beziehungsweise in der Natur nicht Gott selbst am Werk. Nur in der Menschenseele wirkt Gott. Dass Gott auch im Kosmos beziehungsweise in der Natur gegenwärtig sei, das ist eine Ansicht, die so erst in der Naturphilosophie des 17. und 18. Jahrhunderts entwickelt wird.

In derselben Zeit, in der die mittelalterliche Mystik blüht, vollzieht sich in Südfrankreich der Auf- und Niedergang der Katharer. Die Katharer sind Gnostiker. Wir haben dies bereits im 4. Kapitel dargelegt, wo wir zeigten, wie die Katharer Gott in den Himmelsfernen suchen. Wo die Scholastik Gott in der Vernunft sucht und die Mystik Gott im Herzen, da suchen die Katharer Gott in den Himmelsfernen. Alle drei Bewegungen stimmen darin überein, dass Gott nicht im Kosmos beziehungsweise in der Natur zu finden ist, sondern nur in der Beziehung zwischen Gott und Mensch. Die Katharer vertreten diesen Dualismus in letzter, radikaler Konsequenz: Der Kosmos beziehungsweise die Natur wurde von einem bösen Demiurgen geschaffen.

Die Katharer sind konsequent: Sie leugnen auch die Menschwerdung, den Tod am Kreuz und die Auferstehung. Dies tun die Mystiker und die Scholastiker selbstverständlich nicht. Die Mystiker und die Katharer stimmen wiederum insoweit miteinander überein, dass sie beide von der Möglichkeit der Entwicklung der menschlichen Erkenntnisfähigkeiten zu höheren Formen ausgehen: die Katharer mithilfe der Gnosis und die Mystik mithilfe der *Minne.* Nehmen wir die oben entwickelte Definition des esoterischen Christentums als Kriterium, so müssen wir schlussfolgern, dass lediglich die Mystik eine Form des esoterischen Christentums ist. Eine schwache Form überdies, weil die Mystik nur die Transsubstantiation des Körpers und des Blutes Christi in der Eucharistie kennt, nicht die der Materie als solcher. Denn diese spielt überhaupt keine Rolle.

Es gibt im Mittelalter nur eine einzige ›Schule‹, die vom Göttlichen in der Natur ausgeht. Dies ist die Schule der Kathedrale von Chartres. Einer der Magister dieser Schule ist Bernardus Silvestris. Seine *Cosmographia* handelt von dem Verhältnis zwischen Mikro- und Makrokosmos. Die Sterne und Planeten werden als mythologische Figuren dargestellt. Sogar die Schöpfung hat eine Gestalt, die den Namen *Natura* trägt. Die Schule von Chartres steht damit ziemlich singulär da, weil sie die Natur (fast) als ein *drittes Prinzip* zwischen Gott und Mensch betrachtet. Die damaligen Zeitgenossen kritisieren das durchaus. Die Schöpfung bzw. die Natur ist für die meisten gelehrten Menschen des Mittelalters »das Buch der Natur«, das Buch, das von Gott erzählt, nicht von der Natur als solcher. Die »Kosmologisten«, wie Bernardus Silvestris und seine Schule auch genannt werden, verleihen also der Natur eine völlig neue Bedeutung. Darüber spricht Silvestris in der *Cosmographia.* Dies sieht dann folgendermaßen aus:

Schon bereits vor der Schöpfung ist *Natura* in Tränen aufgelöst und erzählt dem *Noys* (Gottes Vorsehung oder Weisheit), dass sie wegen des beklagenswerten Zustands der Urmaterie, der *Hyle,* weint. Und so macht sich *Noys* daran, zu schaffen. Zuerst trennt sie (also die Weisheit Gottes) die vier Elemente voneinander, dann ordnet sie die neun Engelchöre an, die zwölf Tierkreiszeichen und die anderen Sterne am Himmel, sodann die beweglichen sieben Planeten, die vier Winde (also die Äthersphäre) und schließlich die Schöpfung der Erde inklusive der Gewächse, Getreide, Kräuter und Bäume.

Sodann geht sie über zur Schöpfung des Menschen. *Natura* geht im Auftrag von *Noys* auf die Suche nach *Urania,* der Königin der Sterne, und nach *Physis,* die tief unter der Erde weilt. *Natura* steigt durch die Himmelssphären auf und findet *Urania.* Zusammen steigen sie durch die Sphären zur Erde ab. Währenddessen versuchen sie den unterschiedlichen (negativen) Einflüssen der Planeten auszuweichen. Dort finden sie *Physis* und schaffen gemeinsam den Menschen.

Im höchsten Himmel angekommen legt *Urania* der *Natura* dar, was die Absicht dieser wunderbaren Geschichte ist: Jede Tugend der Sterne, jede Kraft am Firmament, jegliche Vitalität, die sich an den Enden der Himmel finde, jede Potenz, die die Strahlen der zwei Lichtgebenden (Sonne und Mond) und der fünf Planeten ist, lässt die Seele diese Dinge wissen, wenn sie in das Vehikel ihres Körpers eingeht.[121]

Der Mensch also als Mikrokosmos, die Sterne und die Kräfte des Himmels, alle sind sie in der Seele des Menschen enthalten. Dies hat Bernardus Silvestris unter anderem dem *Timaios* Platos und einer hermetischen Schrift, dem *Asclepius,* entlehnt. Der *Asclepius* ist die einzige hermetische Schrift, die im Mittelalter bekannt ist.

Esoterisches Christentum in der Neuzeit

Die Kathedralschule von Chartres ist eine Ausnahme. Die mittelalterliche Mystik ist um die Mitte des 14. Jahrhunderts verblüht. Die Katharer sind ungefähr um 1350 ausgerottet. Und die Scholastik ist definitiv zu der Schlussfolgerung gelangt, dass Gott sich mit dem Verstand nicht erkennen lässt. Es muss geglaubt werden. Für das esoterische Christentum ist das geistige Klima nicht mehr günstig. Dafür bedarf es eines neuen Impulses. Und dieser geht aus von Nikolaus von Kues, Nikolaus Cusanus. Cusanus ist Kardinal, Diplomat, Mystiker sowie Wissenschaftler. Er ist einer der Ersten, der die Empirik, die Sinneswahrnehmung, ernst zu nehmen beginnt. Er sagt: Wenn Gott unendlich ist, kann er nicht außerhalb der Schöpfung (Natur und Kosmos) stehen. Gott kennt keine Grenzen, also ist er in allem. Diese Auffassung entwickelt er auf rein mathematischem Wege. Cusanus rüttelt damit an dem gefestigten mittelalterlichen Weltbild, wo Gott noch *außerhalb* seiner Schöpfung steht.

Kurz nach Cusanus wird Nikolaus Kopernikus (1473–1543) dieses auf andere Weise bestätigen, wenn er entdeckt, dass die Sonne im Zentrum des Weltalls steht und alles sich um sie herum dreht. Seit altersher sieht man die Sonne als die symbolische Wohnstätte Christi. Von Kopernikus wird Christus also in das Zentrum des Weltalls gesetzt. Dies hätte Cusanus angesprochen. Für Cusanus ist Gott in allen Dingen:

> »Da nun das Universum in jedem wirklich Existierenden konkret erscheint, so folgt, das Gott, der im Universum ist, in Jeglichem sei und jedes wirklich Existierende unmittelbar in Gott wie das Universum. Jegliches ist in Jeglichem – heißt also so viel als: *Gott ist durch Alles in Allem, und Alles ist durch Alles in Gott.*«[122]

Doch das dürfen wir nicht so auffassen, dass Gott auch selbst alle Dinge *ist.* Das wäre nämlich reinster Pantheismus: dass Gott zusammenfällt mit seiner Schöpfung. Gott ist *in* allen Dingen, aber er fällt ausdrücklich nicht mit ihnen zusammen. Er bleibt zugleich der gänzlich Andere.

Cusanus entwickelt also auf mathematisch-philosophischem Wege die Ansicht, dass Gott in allen Dingen ist. Kopernikus entwickelt in gewissem Sinn denselben Gedanken auf dem Wege der Wahrnehmung des Sternenhimmels. Was noch fehlt, ist eine theologische Fundamentierung dieser Erkenntnisse. Diese wird gefunden, als im Jahre 1460 in Florenz das *Corpus Hermeticum* in Übersetzung erscheint. In diesem *Corpus Hermeticum* kann man lesen, was man sucht: Der Kosmos ist der Sohn Gottes und der Mensch ist der Enkel Gottes. Das *Corpus Hermeticum* ist eine Sammlung hermetischer Schriften aus dem 2. Jahrhundert, nicht christlich, sondern heidnisch. Dies stellt jedoch kein Problem dar, weil für den Renaissance-Menschen Hermes der Urlehrer der Menschheit ist, der Lehrer Platons und des Moses. So jedenfalls betrachtet man ihn.

Dies ist zwar nicht wahr, aber das macht nichts. Damals sah man es so. Als Urlehrer von Plato und Moses ist Hermes natürlich eine gewaltige Autoritätsfigur. Er wird schon rasch in das christliche Denken inkorporiert. So entsteht das »hermetische Christentum« oder die »christliche Hermetik«, in welcher der Kosmos beziehungsweise die Natur durch Christus selbst beseelt ist. Christus ist konkret in der Natur wirksam. Er ist sozusagen fortwährend im Begriff, die Natur zu transsubstantiieren, den Kosmos zu erneuern. Man knüpft an bei Paulus und dessen Christus-Hymne, wo er sagt: »Denn durch Ihn sind alle Dinge geschaffen worden, die in den Himmeln und die auf der Erde, die sichtbaren und die unsichtbaren, es seien Throne oder Herrschaften oder Fürstentümer oder Gewalten: Alle Dinge sind durch Ihn und für Ihn geschaffen. Und Er ist vor allem, und alle Dinge bestehen zusammen durch Ihn« (Kolosser 1,15–17). Christus, der Sohn Gottes, ist in allem Geschaffenen wirksam.

Daran knüpft man in der christlichen Hermetik an. Paracelsus (1493–1541) tut das, Agrippa von Nettesheim (1486–1535) tut das, Valentin Weigel (1533–1588) tut das ebenfalls. Bei Weigel ist Gott ist das Wesen aller Wesen, aber er ist nicht die Kreatur.[123] So entsteht die Bewegung der Naturphilosophie oder des radikalen Pietismus. Denn es handelt sich um Pietisten. Jakob Böhme schreibt zum Beispiel in einer seiner erbaulichen christlichen Schriften:

»O Gott in Jesus Christus, der du um der armen Sünder willen Mensch geworden bist, um ihnen zu helfen. Dir klage ichs, zu dir habe ich noch einen Funken der Zuflucht in meiner Seele. Ich habe dein erworbenes Erbe, das du durch deinen bitteren Tod uns armen Menschen erworben hast, nichts geachtet und mich der Erbschaft der Eitelkeit in deines Vaters Zorn, im Fluche der Erden, teilhaftig gemacht und bin in Sünden gefangen, und an deinem Reiche fast erstorben. Ich liege in Ohnmacht deiner Kraft und der grimmige Tod wartet meiner.«[124]

Das könnte, um es einmal so auszudrücken, Calvin selbst so gesagt haben. Dennoch ist Böhme, wie die meisten Naturphilosophen, neben aller Frommheit doch auch Naturphilosoph und Alchemist. Dies ist nicht so ungewöhnlich, denn die Alchemie ist die große Kunst des Transsubstantiierens von Materie. Alchemisten vollbringen göttliche Arbeit. Sie helfen Christus ein wenig beim Erneuern der Schöpfung. In seinem Buch *Christianopolis* beschreibt ein anderer Alchemist, Johann Valentin Andreae (1586–1654) – es ist derselbe, der die Rosenkreuzerschriften der Jahre 1614 bis 1616 verfasste –, wie der Suchende zu wahrer Erkenntnis gelangen und nicht nur die Oberfläche, sondern auch das innere der Natur erblicken kann.

»Daher kann man sich leicht die Freude des Satans vorstellen, der, wenn er uns höchst verschlagen die Kerne entrissen hat, uns gern mit leeren Hülsen und Schalen prahlen lässt; und leicht ist unsere Einfalt zu merken, die wir uns mit dem Schatten der Dinge begnügen und uns dabei als religiös, gebildet und gelehrt verstehen. Aber nicht alle täuscht jener Betrüger: am wenigsten die, die das höchste Licht in sich tragen …«[125]

Durch mystische Versenkung in Christus und zugleich in die Natur wird man einst Christus selbst in der Natur sehen, durch die Oberfläche der Sinne hindurch. So fasst wiederum ein anderer Naturphilosoph, Christoph Friedrich Oetinger (1702–1782), die Sache auf, als Newton (1642–1727) die Schwerkraft beschreibt. Oetinger ruft aus, damit sei die aktuelle Wirksamkeit Christi beschrieben worden. Die Schwerkraft als eine Handlung des Christus! Ach, wenn es so hätte bleiben können! Oetinger ist – ebenso wie Andreae – außer Alchemist und Wissenschaftler auch noch Pfarrer. Dies ist in jener Zeit nicht ungewöhnlich und durchaus logisch.

Dennoch sind all diese Anschauungen am Ende des 18. Jahrhunderts gar nicht mehr so selbstverständlich. Die Aufklärung ist in vollem Gange. In der Aufklärung erstrebt man die Erkenntnis der Natur nicht mehr wie zuvor mithilfe der mystischen Vertiefung, sondern durch Verwendung der Vernunft. Den Naturphilosophen zufolge kommt man damit nicht viel weiter als zur Erkenntnis der »Oberfläche«. Um Christus in der Natur finden zu können, bedarf es nämlich höherer (mystischer) Fähigkeiten; ganz zu schweigen von der *Erkenntnis* Gottes! Dafür bedarf es eines geistigen Auges, sagen die Naturphilosophen. Aufklärung durch das geistige Auge oder durch die Vernunft – dies ist das Thema der Diskussion um 1800. Die Vernunft erlangte die Oberhand, wie die Geschichte zeigte. Die Alchemisten und Rosenkreuzer sind nicht mehr der treibende wissenschaftliche Faktor. Dies werden jetzt die Naturwissenschaften. Für ein esoterisches Christentum ist vorläufig kein Platz mehr. Was davon übrig bleibt, verschwindet und tritt in den Hintergrund: Es wird »geheim«. Erst in der Aufklärung bekommt der Begriff Esoterik die Konnotation »geheim«.

Esoterisches Christentum im 20. Jahrhundert

Dank Helena Petrowna Blavatsky (siehe Kapitel 6) gerät das alte alchemistische und hermetische Wissen wieder ins Rampenlicht. Es stellt sich diametral gegen den gesamten Materialismus des 19. Jahrhunderts. Blavatsky kann durchaus als Esoterikerin bezeichnet werden, doch sie ist keine *christliche* Esoterikerin. Das Christentum bedeutet ihr nicht so viel, wie wir bereits sahen. Die Hermetik bleibt bei Blavatsky vor allem eine philosophische Hermetik. In der *Theosophical Society* übt man keine praktische Hermetik, keine Alchemie aus. Dies tut erst Rudolf Steiner (siehe Kapitel 6). Steiner ist von 1902 bis 1913 Vorsitzender der Deutschen Theosophischen Gesellschaft, doch von Anfang an ›beißt‹ sich deren Lehre bereits mit seiner Christus-Auffassung. Diese weicht – wie wir bereits sahen – radikal von der der Theosophie ab. Auch die ›östliche‹ Orientierung der Blavatsky sagt Steiner immer weniger zu. Er ist auf der Suche nach einer westlich-esoterischen Orientierung. Diese findet er in der irregulären Freimaurer-Gesellschaft, die den Namen Memphis- und Misraim-Orden trägt (siehe Kapitel 7). In dieser Form der Freimaurerei stützt man sich auf die alte ägyptische Einweihung. Damit stellt Steiner sich ausdrücklich in die hermetische Tradition. Er entwirft selbst Rituale für diesen Orden (veröffentlicht in GA 264 und GA 265). Ein Teilnehmer an den Ritualen Steiners fasst einen Vortrag Steiners zu diesem Thema im Jahre 1911 zusammen:

> »Was hier verrichtet wird, ist ein okkulter Dienst, genannt Misraim-Dienst, was so viel sagen will wie: das Bewirken der Vereinigung des Irdischen mit dem Himmlischen, des Sichtbaren mit dem Unsichtbaren.
> Misraim-Dienst war schon bekannt im alten Ägypten und gehörte zu dem am meisten [geübten] okkulten Dienst in den Mysterienschulen. Dieser selbe Dienst wird auch jetzt in unserem Tempel verrichtet, unter Hinzufügung der Ergänzungen und Reformen, die Markus bewirkt hat. Der Markus, der hier gemeint wird, ist jener Schüler des Petrus, einer der zwölf Apostel, der das Markus-Evangelium geschrieben hat, als er als Bischof von Alexandrien in Ägypten weilte. Zusammen mit einem ägyptischen Eingeweihten hat er den okkulten Dienst (Kultus) neu geregelt, den wir jetzt kennen als Misraim-Dienst.«[126]

Es handelt sich dabei zwar um durchaus charmantes okkultes Fantasieren aus der Zeit des *Fin de Siècle,* aber dies spielt hier keine wesentliche Rolle. Wichtig ist nur, dass man sich in der Memphis- & Misraim-Freimaurerei mit einer durchchristlichten ägyptischen Einweihungspraxis verwandt fühlt.

Steiner entwirft eine neue Einweihungsmethodik, die der mystischen Tradition verwandt ist. Seine erste Reihe von öffentlichen Vorträgen als Esoteriker handelt von der westlichen mystischen Tradition.[127] Rudolf Steiner lässt diese Tradition bei Jan van Ruusbroec, Meister Eckhart (1250–1327), Heinrich Seuse (1295–1366) und Johannes Tauler (1300–1361) beginnen, um danach auf dem Weg über Nikolaus Cusanus, Paracelus und Agrippa von Nettesheim (1486–1535) bei der Naturphilosophie anzulangen. Steiners »Einweihung« wird von ihm selbst darum auch als »spirituelle Naturerkenntnis« bezeichnet. Dies ist eine schöne Umschreibung der Bewegung der Naturphilosophie. Steiner beschreibt seinen mystischen Weg in dem Buch *Wie erlangt man Erkenntnisse der höheren Welten?*[128] Es fällt auf, wie verwandt dieser Weg mit dem mystischen Weg eines Jan van Ruusbroec ist. Allerdings mit dem entscheidenden Unterschied, dass man in der mittelalterlichen Mystik noch keinerlei Empirie betreibt. Also durchaus »spirituelles Wissen«, aber noch keine »spirituelle Naturerkenntnis«. Rudolf Steiner bezeichnet den anthroposophischen Einweihungsweg regelmäßig als einen »Rosenkreuzer-Einweihungsweg«. Das Buch erschien 1904 und erfuhr seitdem noch viele Neuauflagen mit ergänzenden Vorworten Rudolf Steiners. Steiner lehrt also bereits seinen christlichen Rosenkreuzer-Einweihungsweg in der Zeit, als er noch Vorsitzender der Deutschen Theosophischen Gesellschaft ist.

Steiners christliche Esoterik ist nicht nur philosophischer, theosophischer oder theologischer Natur, sondern auch ganz praktisch. Esoterik muss zu praktischem Handeln führen und nicht nur auf die eigene Einweihung hinzielen. Daher kennt die Anthroposophie so genannte »Arbeitsgebiete«. Esoterik bis in die praktische Pädagogik hinein (Waldorfschulpädagogik), bis in die Landwirtschaft (Biologisch-dynamische Landwirtschaft), ja sogar bis in die Politik (die Idee der »sozialen Dreigliederung«). Wie sehr Steiner damit in der Tradition der Naturphilosophie steht, zeigt sich deutlich, wenn man beispielsweise die Schriften des Agrippa von Nettesheim liest, wie zum Beispiel *Über die Fragwürdigkeit, ja Nichtigkeit der Wissenschaften, Künste und Gewerbe.* Darin gibt Agrippa einen Überblick über alle Wissenschaften der damaligen Zeit. Er spricht über Grammatik, Geschichtsschreibung, Musik, Tanz, Fechtkunst, Metallgewinnung, Wahrsagerei, Chiromantie (das ›Lesen‹ in den Gesichtszügen, dem Antlitz), Naturphilosophie, Wirtschaft, Landwirtschaft, Arzneikunde, Kochkunst, Alchemie, Recht und prophetische Theologie. Alle Lebensgebiete werden von Agrippa behandelt. Dasselbe tut auch Rudolf Steiner.

Mit dem ›Erneuern‹ aller Lebensgebiete aus einer esoterisch-christlichen Anschauung heraus unterscheiden Steiner und die Anthroposophie sich beträchtlich und ganz wesentlich von den vielen neueren esoterischen Bewegungen, die in seiner Zeit aufkamen.

Esoterisches Christentum in der heutigen Zeit

Zu Beginn des 20. Jahrhunderts sind die Theosophie und die Anthroposophie nicht die einzigen neuen esoterischen Gesellschaften. Es entsteht ein ganzer Stammbaum von Gesellschaften, die alle mehr oder weniger aus der Theosophie hervorgehen. Wir nennen hier nur die *Rosicrucian Fellowship,* den *AMORC* (der Alte Mystische Orden Rosae Crucis) und das *Lectorium Rosicrucianum.* Man bezeichnet all diese Gesellschaften oder Vereinigungen – zusammen mit der modernen Freimaurerei – auch als die Neuen Religiösen Bewegungen (NRB) zur Unterscheidung von der Newage-Bewegung, die am Ende der sechziger Jahre des vorigen Jahrhunderts aufkam. Der Unterschied besteht darin, dass die NRBs organisiert sind und sich zugleich auf altes Einweihungswissen stützen, während die Newage-Bewegung nicht organisiert ist in einer Gesellschaft oder Vereinigung und sich viel stärker auf geistige Erfahrungen stützt, ohne den Ballast einer anspruchsvollen Einweihungspraxis und Tradition. Wo man in den NRBs eine ernsthafte Einweihungspraxis ausübt, um Erkenntnisse der geistigen Welt zu erlangen (und um ein besserer Mensch zu werden), kann man den Eindruck haben, dass man sich in der Newage-Bewegung vor allem darum bemüht, übersinnliche Erfahrungen zu erlangen, ohne dafür mühsam üben oder arbeiten zu müssen.

Gleichzeitig bedeutet dies, dass man sich in der Newage-Bewegung nicht den Kopf über Thesen und Dogmen zerbricht, die es in den NRBs natürlich durchaus gibt. Man ist schließlich nicht ohne Grund etwa Mitglied der *Anthroposophischen Gesellschaft* und eben nicht des *Lectorium Rosicrucianum.* Dies ist so, weil man sich in den verbindenden Ideen der Anthroposophie und nicht denen des *Lectorium* wiedererkennt. Und natürlich auch umgekehrt. Um all dies kümmert man sich in der Newage-Bewegung so gut wie gar nicht. Dies hat wiederum zur Folge, dass dort eine Unverbindlichkeit herrscht, die es in den NRBs so nicht gibt. Einer der entscheidendsten inhaltlichen Unterschiede ist wohl der, dass die NRBs sich alle mehr oder weniger stark auf die christlich-hermetische Tradition stützen. Dort liegt ihr Orientierungspunkt. Der Orientierungspunkt in der Newage-Bewegung ist die Tatsache, dass man geistige Erfahrungen hat. Woher sie kommen und worauf sie sich beziehen, ist nicht so entscheidend – die Hauptsache ist, dass man sie hat. Dies ist eine Ergänzung der esoterischen Tradition, aus der die NRBs durchaus noch einen Vorteil ziehen können. Und umgekehrt kann man in der Newage-Bewegung durchaus Vorteile aus dem Einweihungswissen ziehen, das in den NRBs vorhanden ist. Dieser Trend hat übrigens im letzten Jahrzehnt eingesetzt. Immer weniger Menschen fühlen das Bedürfnis, Mitglied einer NRB zu werden, während zugleich immer mehr *Newagers* das Bedürfnis empfinden, sich an eine Tradition zu binden. Man wächst gewissermaßen aufeinander zu.

Dies bietet dann auch wiederum Perspektiven für die Kirche und den Glauben. Für die kirchlich orientierten Menschen stellt sich die Situation folgendermaßen dar: Kirchenchristen müssen die Kirche verlassen, wenn sie sich auf die Suche machen nach mehr religiöser Erfahrung und Erleben. Mit der tragischen Folge, dass Kirchenchristen in die Newage-Bewegung getrieben werden, wo man dies eigentlich nicht will. Dasselbe gilt auch für die NRBs: Mitglied einer NRB zu sein, bedeutet im Allgemeinen, dass man die Kirche verlassen muss. Oder eine NRB muss eine eigene ›Kirche‹ haben, dann ist eine Synthese wieder möglich.

Diese sektiererische Mentalität wird jedoch allmählich aufgegeben, wodurch Kirchenchristen durchaus Mitglied ihrer Kirche bleiben und sich zugleich mit esoterischen Dingen beschäftigen können. Der ›abgehobene‹ Charakter der Newage-Bewegung sowie die östliche Orientierung werden schwächer. Es erscheint immer mehr Newage-Literatur mit einer christlichen Orientierung, wie zum Beispiel Dan Browns *Sakrileg.* Ein derartiges Buch regt viele kirchlich orientierte Menschen zum Nachdenken an, zugleich bewirkt es, dass sich viele Newage-Menschen für das Christentum interessieren. Auch in den theologischen Fakultäten lässt sich in dieser Beziehung eine veränderte Haltung wahrnehmen – wenn auch nur in winzigen Schritten und äußerst langsam. Die Gnosis wird nicht länger ausschließlich aus der ›Ketzerperspektive‹ behandelt, und es wird der Tradition der Mystik immer mehr Aufmerksamkeit geschenkt. Dies sind erfreuliche Entwicklungen. In Kirche und Theologie verlaufen diese Entwicklungen vielleicht zu träge, aber das ist auch durchaus verständlich. Denn es muss eben immer auf die unterschiedlichen Lager, die es dort gibt, Rücksicht genommen werden. So zum Beispiel die Progressiven versus die Konservativen. Dasselbe gilt für die NRBs. Auch sie kennen dieses Spannungsverhältnis. Vielleicht ist es auch gar nicht anders möglich.

All diese Entwicklungen deuten möglicherweise darauf hin, dass der Zeitgeist sich langsam ändert. Sich mit Esoterik zu befassen, bedeutet nicht länger, dass etwas ›geheim‹ und ›nur für Eingeweihte‹ bestimmt ist. Es gibt eine breite gesellschaftliche Beschäftigung mit Esoterik. Quer durch alle gesellschaftlichen Gruppierungen nimmt das Interesse für das esoterische Christentum rasch zu. Vielleicht auch dank eines Autoren wie Dan Brown.

Anmerkungen

1 Es sind bereits einige Veröffentlichungen zu diesem Thema erschienen, hier eine Auswahl: Burstein, Dan, *Die Wahrheit über den Da-Vinci-Code. Das Sakrileg entschlüsselt.* München 2004; Etchegoin, Marie-France, *Das Geheimnis des Da-Vinci-Code.* München 2005; Lutzer, Erwin W., *Der ›Da Vinci Code‹ – Fakt oder Fiktion?* Dillenburg, 2006; Newman, Sharan, *Der Schlüssel zum Da-Vinci-Code.* Berlin 2005; Schick, Alexander, *Das wahre Sakrileg.* Die verborgenen Hintergründe des Da-Vinci-Codes. Das Geheimnis hinter Dan Browns Weltbestseller. München 2006.

2 Zitiert nach der illustrierten Ausgabe: Bergisch Gladbach 2004.

3 Siehe vor allem: Michael Baigent / Henry Lincoln / Richard Leigh, *Der heilige Gral und seine Erben.* Bergisch Gladbach 2004; Starbird, Margaret, *Das Erbe der Maria Magdalena.* Berlin 2006; dieselbe, *Die Frau mit dem Alabasterkrug.* Berlin 2006; Daly, Mary, *Jenseits von Gottvater, Sohn & Co.* München 1986.

4 Siehe www.openbaringen.com sowie: K. und C. von Uffelen, *Maria Magdalena en de (Schijn)Heiligen. De waarheid achter De Da Vinci Code,* Barchem 2006.

5 *Evangelium nach Maria,* in: Berger, Klaus, und Nord, Christiane (Hrsg.), *Das Neue Testament und frühchristliche Schriften,* Frankfurt a. M. und Leipzig 2005, S. 1347.

6 ebd., S. 1349.

7 Dan Brown, *Sakrileg,* a.a.O., S. 267.

8 Dan Brown, a.a.O., S. 266.

9 Das Evangelium nach Philippus, Spruch 55, in: *Bibel der Häretiker. Die gnostischen Schriften aus Nag Hammadi,* eingeleitet, übers. und kommentiert von Gerd Lüdemann und Martina Janßen. Stuttgart 1997.

10 *The Nag Hammadi Library,* Ed. J.M. Robinson, Leyden / New York / Kopenhagen / Köln 1988, S. 148.

11 *Der Kölner Mani-Codex* [135], übersetzt von Ludwig Koenen und Cornelia Römer, Opladen 1988.

12 *Über die Achtheit und die Neunheit,* NHC, VI, 6 [52], in: *Bibel der Häretiker. Die gnostischen Schriften aus Nag Hammadi,* a.a.O.

13 ebd., [57].
14 *Asclepius,* 41 B, in: Walter Scott (John Ferguson), *Hermetica.* 4 Bände. Oxford 1924-1936. Zitat hier frei übersetzt.
15 H.J. Polotsky und A. Böhlich, *Kephalaia,* IX, S. 37, rg. 35, *Manichäische Handschriften der Staatlichen Museen Berlin.* Stuttgart 1940.
16 *Kephalaia,* IX, S. 38, Zeile 22–33, S. 39, Zeile 24–30.
17 Aus den *Psalmen des Herrn Herakleides* I, enthalten in: Allberry, C.R.C., A Manichaean Psalm-Book. Part II, 1938 (= Manichaean Manuscripts on the Chester Beatty Collection Vol. 2).
18 H. Stolp, *Jesus mein Bruder.* Deventer 2005.
19 *Offenbarung des Petrus,* NHC VIII, 3, [71], in: *Bibel der Häretiker. Die gnostischen Schriften aus Nag Hammadi,* a.a.O.
20 *Offenbarung des Petrus,* a.a.O. [81].
21 *[Erste] Offenbarung des Jakobus,* NHC, V, 3, [31] in: *Bibel der Häretiker. Die gnostischen Schriften aus Nag Hammadi,* a.a.O.
22 *[Erste] Offenbarung des Jakobus,* [24], ebd.: »Denn nicht ohne Grund habe ich dich meinen Bruder genannt, obwohl du der Materie nach nicht mein Bruder bist ...«
23 Origenes, *Homiliae in Canticum Canticorum I,* GCS 33 Werke Band 8, Leipzig 1926.
24 Eusebius, *Historiae ecclesiasticus,* VI, 1, 11–12.
25 Justinus Martyr, *Apologia I,* LXV, ed. E.J. Goodspeed, *Die ältesten Apologeten.* Göttingen 1915 (Reprint 1950).
26 Tertullian, *De praescriptione hereticorum,* 41, ed. R.F. Refoulé, CCL 1. Hier in freier Übersetzung wiedergegeben.
27 Bernhard von Clairvaux, Sämtliche Werke Bd. V. *Sermones super Cantica Canticorum II,2.* Innsbruck 1995.
28 ebd. III,1.
29 Hadewijch, *Visionen, VII,* Zitiert nach: P. Mommaers, *Hadewijch/Visioenen.* Nijmegen 1979.
30 ebd.
31 Teresa von Avila, *Castilio interior, VII, iii,13.* In: Sämtliche Schriften der heiligen Teresa von Avila. München 1933.
32 Jodocus van Lodenstein, *Preek over Hooglied, 1:4.* Kampen 2000, S. 80.
33 Jakob Böhme, *Der Weg zu Christo,* Buch 1, 32, in: Gerhard Wehr, *Christosophia. Ein christlicher Einweihungsweg.* Freiburg im Breisgau 1978.
34 *Der Weg zu Christo,* Buch 1, 38.
35 *Der Weg zu Christo,* Buch 1, 47.
36 Johann Valentin Andreä, *Die Chymische Hochzeit des Christian Ro-*

sencreutz Anno 1459, gedeutet und kommentiert von Bastiaan Baan. Stuttgart 2001, S. 199.

37 Philippus-Evangelium, Spruch 44, a.a.O.

38 Philippus-Evangelium, Spruch 78.

39 Philippus-Evangelium, Spruch 74: »Durch den Heiligen Geist werden wir zwar wiedergeboren, geboren aber werden wir durch Christus. In den beiden (Fällen) werden wir vom Geist gesalbt.«

40 Philippus-Evangelium, Spruch 80.

41 Philippus-Evangelium, Spruch 102f.

42 Philippus-Evangelium, Spruch 112.

43 Evangelium nach Maria, 17. a.a.O. S. 1349.

44 Philippus-Evangelium, Spruch 31.

45 Nikodemusevangelium. Pilatusakten und Höllenfahrt Christi. In: Wilhelm Schneemelcher (Hrsg.), *Neutestamentliche Apokryphen.* Mohr, Tübingen ^{6}1990. S. 411.

46 Robert de Boron, *Die Geschichte des heiligen Gral.* Übersetzt von K. Sandkühler. Stuttgart ^{3}1979, S. 23.

47 Boron a.a.O. S. 24.

48 W. Map,*Queste del Saint Graal,* zitiert nach der englischen Übersetzung von Maria Matarasso, *The Quest of the Holy Grail,* London 1969, S. 34.

49 ebd. S. 275.

50 ebd. S. 275f.

51 W. Malmesbury, *De Regum Gestis Anglorum,* in: R. White (Hrsg.), *King Arthur in Legend and History.* London 1997, S. 22.

52 Siehe hierzu: R.S. Loomis, *The Grail. From Celtic Myth to Christian Symbol.* Cardiff/New York 1963, S. 178–179.

53 G. Hillerdal und B. Gustafsson, *Sie erlebten Christus.* Basel 1979.

54 Hillerdal/Gustafsson a.a.O., zitiert nach H.-W. Schroeder, *Von der Wiederkunft Christi heute. Verheißung und Erfüllung.* Stuttgart 1991, S. 93.

55 Wolfram von Eschenbach, *Parzival,* Vers 462. Nach der Ausgabe von Karl Lachmann. Stuttgart 1981.

56 *Parzival,* a.a.O., Vers 464.

57 *Parzival,* a.a.O., Vers 448.

58 A. Gadal, *Auf dem Weg zum Heiligen Gral. Die alten Mysterien der Katharer.* Haarlem ^{3}1991, S. 124f.

59 Inquisitionsregister des Jacques Fournier. Lateinisches Manuskript Nr. 4030, französische Ausgabe: *Le Registre d'Inquisition de Jacques Fournier (Evêque de Pamiers), 1318-1325,* übersetzt von J. Duvernoy, I-III. Paris/La Haye/New York 1978, S. 775ff.

60 ebd.

61 ebd.
62 H. M. Kuitert, *Het algemen betwijfeld christelijk geloof. Een herziening.* Kampen 1992, S. 138.
63 *Petrus-Offenbarung,* a.a.O. Strophe 82 und 83 (siehe auch Anm. 20).
64 Siehe hierzu H. Spencer Lewis, *The Mystical Life of Jesus.* Deutsch: *Das Mystische Leben Jesu,* Amorc-Bücher Baden-Baden o.J.
65 Siehe hierzu H.J. Spierenburg, *The New Testament Commentaries of H.P. Blavatsky,* San Diego 1987.
66 H.J. Spierenburg, *The Inner Group Teachings of H.P. Blavatsky to her Personal Pupils (1890–1891).* San Diego ^{2}1995, S. 68f.
67 Dan Brown, a.a.O., S. 251
68 T. Harpur, *Der heidnische Heiland. Das Jesus-Plagiat enthüllt.* München 2005.
69 T. Harpur, a.a.O. S. 18, 38 und 59.
70 T. Harpur, a.a.O. S.183.
71 Siehe hierzu: Christoph Baumer, *Frühes Christentum zwischen Euphrat und Jangtse. Eine Zeitreise entlang der Seidenstraße zur Kirche des Ostens.* Stuttgart 2005.
72 Ernest Renan, *Das Leben Jesu.* Zürich 1981, S. 30.
73 Siehe hierzu H. M. Kuitert, *Jezus, Nalatenshap van het christendom.* Kampen 1998.
74 Rudolf Steiner, *Aus der Akasha-Forschung. Das fünfte Evangelium.* (GA 148) Vortrag vom 3. Oktober 1913. Dornach ^{5}1992.
75 Rudolf Steiner, *Das Sonnenmysterium und das Mysterium von Tod und Auferstehung.* (GA 211) Vortrag vom 24. April 1922. Dornach ^{2}1986.
76 *Weisheit,* 12,3–6.
77 Minucius Felix, *Octavius,* VIII, 3–9, 5. München 1965.
78 Epiphanius, *Panarion,* 26,5, 2–6, GCS 24, K. Holl, *Epiphanius. Panarion haer.,* De Fide, hrsg. von Ed. J. Dummer. Berlin 1985, Band III.
79 Augustinus, *De Haeresibus,* XLVI, CCL, 46.
80 *Adamari Historiarum libri III, 59,* MGH. SS, IV, übersetzt in: W.L. Wakefield und A.P. Evans, *Heresies of the High Middle Ages. Selected Sources. Translated and annotated.* New York / London 1969, S. 75.
81 Guiberti Abbatis, *De Vita Sua, Libri tres, III, PL 156.* Englische Übersetzung in: Wakefield und Evans, a.a.O. S. 103.
82 *De nugis curialium,* i.XXX, hrsg. von Montague R. James, übers. in Wakefield und Evans, S. 252f.
83 Bernhard von Clairvaux, Sämtliche Werke Bd. I. *De Laude novae Militiae.* Innsbruck 1990.
84 *De Laude novae Militiae, a.a.O.* S. 268ff.

85 Zitiert nach M.J. Krück von Poturzyn, *Der Prozess gegen die Tempelritter. Ein Bericht über die Vernichtung des Ordens.* Stuttgart 1963, S. 61f.
86 Augustinus, *Der Gottesstaat,* XXII, 11. Deutsche Ausgabe in 2 Bänden. Paderborn 1979.
87 ebd., III, 5
88 Apuleius, *Der goldene Esel,* Buch XI. München und Zürich [4]1989.
89 Protoevangelium des Jakobus, Kap. 7, in: Berger, Klaus, und Nord, Christiane (Hrsg.), *Das Neue Testament und frühchristliche Schriften.* Frankfurt a. M. und Leipzig 2005, S. 1324ff.
90 Siehe hierzu J.L.M. van Schaik, *Unde malum. Dualisme van manicheeërs en katharen.* Kampen 2004.
91 *Der Gottesstaat, a.a.O.,* XIII, 13.
92 Minucius Felix, *Octavius,* VIII, 3–9, 5. München 1965.
93 *Vita Antonii,* Kap. 5, deutsche Ausgabe: *Leben des Heiligen Antonius,* übersetzt von Hans Mertel. Kempten und München 1917.
94 Zitiert nach Walter Map, *La Queste del Saint Graal in the French Prose.* London 1864. S. 112f.
95 Robert de Boron, *Vita Merlini,* deutsch: K. Sandkühler, *Robert de Boron. Merlin – der Künder des Grals.* Stuttgart 1975, S. 16.
96 Dante Alighieri, *Divina Comedia, Inferno, 5. Gesang.* Übersetzt von Wilhelm G. Hertz. Berlin 1961. Galeotto war der Vermittler zwischen Lanzelot und Guinevere.
97 Abaelard, *Historia calamitatum mearum,* VII, 5. Deutsch: Abaelard, *Die Leidensgeschichte und der Briefwechsel mit Heloisa* (übertragen von Eberhard Borst). München [2]1992, S. 185 f.
98 Abaelard, a.a.O., VII, 65.
99 Hieronymus, *Epistulae,* 22, hrsg. von J. Hilberg, CSEL 44–46.
100 Hildegard von Bingen, *Briefwechsel.* Dritter Brief an Kaiser Friedrich I. Salzburg 1990. S. 86.
101 *Katharina von Siena, Ich will mich einmischen in die Welt. Engagierte Briefe des Glaubens.* An Papst Gregor XI. Zürich und Düsseldorf 1977, S. 41ff.
102 Bernhard von Clairvaux, Sämtliche Werke Bd. 4. *In laudibus Virginis Matris, IV,8.* Innsbruck 1993, S. 113.
103 Bernhard von Clairvaux, *Sermones super Cantica Canticorum, a.a.O., 57, 11.*
104 Thomas von Kempen, *Das Buch von der Nachfolge Christi,* 2. Buch, 8. Kapitel.
105 ebd., IV, 11.
106 Aleyt Bake, *Mijn Beghin ende Voortghank.* In: N.K.A. van den Berg,

Aleyt Bake. Tot in de peilloze diepte van God. Kampen 1997. Siehe auch: Kurt Ruh, *Die niederländische Mystik des sechzehnten Jahrhunderts.* Geschichte der abendländischen Mystik, Band IV. München 1999.

107 Calvin, *Unterricht in der christlichen Religion, Buch* III,20.

108 Huldreich Zwingli, *Auslegung und Begründung der Thesen oder Artikel.* Schriften, Band 2. *Artikel,* Art. XIX. Zürich 1995, S. 186f.

109 2. Vatikanisches Konzil (11. Oktober 1962 – 8. Dezember 1965) Aus: Lumen Gentium. Dogmatische Konstitution über die göttliche Offenbarung. Der gesamte Text findet sich im Internet, u.a.: www.Stjosef.at. Auch nachzulesen in: W.M. Abbott (Hrsg.), *The Documents of Vatican II.* New York 1966, S. 85ff.

110 Siehe hierzu beispielsweise E.A. de Boer, *Maria Magdalena. De mythe voorbej,* Zoetermeer ^{4}2005.

111 Zitiert nach: Marc Lidzbarski (Hrsg.), *Das große Buch der Mandäer.* Text mit Einleitung. Göttingen 1925.

112 Flavius Josephus, *Geschichte des judäischen Krieges,* II, 8, 2. Siehe ferner: Flavius Josephus, *Jüdische Altertümer,* XVIII, 18.

113 *Babylonischer Talmud,* ^{c}Hagigah, 14 b.

114 *Torsefta, Yebamot*^{h} 8.7.

115 Valentinus, *Das Evangelium der Wahrheit,* 20,1–21,2 in: *Die Bibel der Häretiker,* a.a.O.

116 *Pistis Sophia,* Buch I, 1.

117 Augustinus, *De civitate Dei,* a.a.O., XI, 4.

118 Augustinus, *Bekenntnisse,* IV, XII, 18. Frankfurt 1987.

119 Hadewijch, *Briefe,* XVIII. Zu Hadewijch siehe: Gerald Hofmann, *Hadewijch – Das Buch der Visionen.* München 1995.

120 Jan van Ruusbroec, *Das Buch von den zwölf Beghinen.* Leipzig 1917. Zu Ruusbroec siehe auch: Jos Decorte, *Eine kurze Geschichte der mittelalterlichen Philosophie.* Stuttgart 2006.

121 Bernardus Silvestris, *Cosmographia* II, IV, in englischer Übersetzung bei W. Wetherbee, *The Cosmographia of Bernardus Silvestris.* New York, London 1973, S. 98.

122 Nikolaus Cusanus, *Die belehrte Unwissenheit, II,* 5. Hamburg 1999.

123 Valentin Weigel, *Informatorium oder Kurtzer Unterricht.* Halle 1621, S. 1118.

124 Jakob Böhme, *Der Weg zu Christo,* a.a.O. Buch I, 19.

125 Johann Valentin Andreae, *Christianopolis.* Stuttgart 1975, S. 9.

126 Rudolf Steiner, *Zur Geschichte und aus den Inhalten der erkenntniskultischen Abteilung der Esoterischen Schule 1904 bis 1914.* (GA 265) Dornach 1987, S. 94.

127 Rudolf Steiner, *Die Mystik im Aufgange des neuzeitlichen Geisteslebens und ihr Verhältnis zur modernen Weltanschauung.* (GA 7) Dornach [6]1987.
128 Rudolf Steiner, *Wie erlangt man Erkenntnisse der höheren Welten?* (GA 10) Dornach [24]1993.

Über den Autor

John van Schaik (*1956) ist Religionswissenschaftler und promovierte 2004 über das Thema der Herkunft des Bösen und des Dualismus bei den Manichäern und Katharern. Seine Forschungsschwerpunkte sind die Geschichte der christlichen Mystik und der Christuserfahrungen. Er leitet u. a. das Origenes-Institut in Zeist/Niederlande, das den Dialog zwischen dem (exoterisch) kirchlichen und einem so genannten freien bzw. esoterischen Christentum fördern möchte.